ROGER ANDRÉ
LICENCIÉ ÈS LETTRES
DOCTEUR EN DROIT

# L'OCCUPATION DE LA FRANCE PAR LES ALLIÉS EN 1815

## (JUILLET-NOVEMBRE)

PARIS
E. DE BOCCARD, ÉDITEUR
ANCIENNES MAISONS THORIN ET FONTEMOING
1, RUE DE MÉDICIS, 1

1924

# L'OCCUPATION DE LA FRANCE

## PAR LES ALLIÉS EN 1815

### JUILLET-NOVEMBRE

ROGER ANDRÉ

LICENCIÉ ÈS LETTRES
DOCTEUR EN DROIT



# L'OCCUPATION DE LA FRANCE PAR LES ALLIÉS EN 1815

## (JUILLET-NOVEMBRE)

PARIS
E. DE BOCCARD, ÉDITEUR
ANCIENNES MAISONS THORIN ET FONTEMOING
1, RUE DE MÉDICIS, 1

1924

# AVANT-PROPOS

La chute de l'Empire et le retour de Napoléon de l'île d'Elbe ont valu à la France deux invasions successives : celles de 1814 et de 1815.

La première d'entre elles ne présente pas, au point de vue juridique, de caractère particulier : elle évoque simplement une lutte de diverses nations contre une autre, ce sont des ennemis vainqueurs qui envahissent le pays vaincu et lui imposent leurs conditions suivant les coutumes ordinaires de la guerre.

En 1815, l'invasion prend une forme entièrement différente : ce sont des alliés, ou prétendus tels, qui pénètrent sur le territoire français et y agissent en véritables maîtres. Cette forme d'invasion est un exemple rare dans l'histoire : elle ne se rattache à aucun type juridique dans le passé et depuis ne s'est reproduite qu'à titre exceptionnel.

Elle a commencé au lendemain de la bataille de Waterloo, 18 juin 1815, s'est poursuivie librement jusqu'à l'ultimatum (septembre) sur les conditions de la paix future et s'est achevée par la transformation de ces dernières en un traité définitif, celui de Paris (20 novembre). Par cette convention diplomatique, l'occupation de guerre a été légalement changée en une occupation partielle et temporaire du territoire français à titre de garantie. Il sera uniquement question dans cette étude de l'invasion proprement dite, c'est-à-dire, de la période où ont régné l'arbitraire et le régime de la réquisition imposée aux autorités locales par le caprice des envahisseurs.

Comment en déterminer les caractères particuliers? Deux conceptions juridiques se sont heurtées et ont abouti à la création de divers organes, destinés, semblait-il tout au moins, à régler amiablement les rapports entre envahisseurs et envahis. Mais quels ont été réellement ces rapports à tous égards? Les diverses armées alliées ont-elles agi d'une façon uniforme, ou bien ont-elles encouru des responsabilités diverses et inégales? Enfin, quelles charges ont incombé à la France du fait de cette occupation de son territoire et peut-on en fixer le montant, c'est-à-dire la liquidation définitive? Tels sont les points qu'il convient, semble-t-il, d'examiner successivement et de résoudre à l'aide des documents et des ouvrages que nous avons consultés.

# BIBLIOGRAPHIE

## A. — DOCUMENTS INÉDITS.

Trois dépôts d'archives renferment des pièces relatives à l'invasion de 1815.

1° **Archives du Ministère des Affaires Etrangères.** — Les documents y sont répartis en deux fonds.

a) *Cartons* où les pièces classées récemment ne sont pas encore reliées et sont restées à peu près totalemet inconnues jusqu'à maintenant. On peut les diviser en deux séries : — 7 cartons concernent la Commission des Réquisitions, créée le 9 juillet 1815 par le Gouvernement français, et sa correspondance avec les Ministères et les Administrations de France, avec le Conseil Administratif des Alliés et avec leurs armées [1], — 27 cartons relatent les faits survenus dans 51 départements.

b) *Mémoires et Documents fonds France :* — T. 647 (divers), 690-691 (correspondance de Talleyrand), 693 (divers), 694 (exécution du traité du 20 novembre 1815), 700-701 (correspondance de Richelieu, 1815-1818), 702-708 (armées étrangères d'occupation, 1815-1818).

2° **Archives du Ministère de la Guerre.** — Dix-huit cartons se répartissant de la façon suivante : — 1 carton (2ᵉ direction, bureau de la correspondance générale, troupes alliées, 1816-1817), peu important;

1. A cause de l'importance capitale de ces documents, voici brièvement quel est le contenu des 7 cartons. — 1. Procès-verbaux des séances, Correspondance avec les commissaires étrangers, Correspondance du Conseil administratif des Alliés, Papiers divers, Soumission de fournitures, Situation des armées alliées. — 2. Correspondance avec les Ministères de l'Intérieur et des Affaires Etrangères, Baron de Vitrolles. — 3. Correspondance avec le Ministre des Finances, avec les administrations des contributions directes, des douanes, de l'enregistrement et domaines, des forêts, Violation des caisses publiques. — 4. Correspondance avec le Ministre de la guerre, avec les commissaires ordonnateurs en mission, avec les commissaires des subsistances. — 5. Correspondance avec le préfet de police, avec le Ministre de la police, avec le directeur des postes. — 6. Pièces relatives aux armées russe, autrichienne, bavaroise, wurtembergeoise, piémontaise. — 7. Pièces relatives aux armées prussienne, anglaise, hollando-belge.

— 1 carton (mission du lieutenant-colonel de Brossard près l'armée russe d'occupation, 1815-1818), peu de renseignements ; — 16 cartons, (2e Restauration, correspondance militaire générale, 8 juillet-15 décembre 1815), ces seize cartons contiennent surtout la correspondance du Ministère de la Guerre avec les lieutenants-généraux commandant les subdivisions militaires, avec les généraux commandant les départements et avec plusieurs préfets ; il s'agit des réquisitions, des exactions, de l'attaque des places fortes ; on y recueille des faits précis, principalement dans les rapports de gendarmerie.

3o **Archives Nationales.** — Plusieurs séries permettent de contrôler et de compléter les renseignements fournis par les archives du Ministère des Affaires Etrangères.

Série $BB^{18}$ 950 : ministère de la Justice, attentats contre les personnes.

Série $O^{3}$ 1429 à 1431, 1585 bis, 1877, 2200 : objets d'art.

Série $F^{1b}$ II : réquisitions et affaires militaires (très importante pour établir la liquidation des charges, généralement d'après les états de situation demandés aux préfets).

Série $F^{7}$ 3053, 3147-3148, 3647 et sq., 3734-3735, 3786, 6549, 8970 et sq., 9627 et sq. ; très importante : correspondance des préfets avec les ministres de l'Intérieur, des Finances et de la Police ; tantôt lettres des préfets, tantôt analyses de ces lettres ; en plus, bulletins de la police générale. Renseignements de toutes sortes sur les réquisitions multiples, la conduite des troupes alliées à l'égard des habitants, de leurs biens et de l'administration royale, etc... ; détails fort nombreux et souvent très précis.

Série $F^{11}$ 207, 246, 252-253, 263 : indications assez nombreuses à propos des subsistances.

Série $F^{21}$ 574 : objets d'art ; complément de la série $O^{3}$.

## B. — DOCUMENTS PUBLIÉS.

Le *Moniteur Universel*, 1815-1816. Ce journal se distingue sans doute par sa partialité ; les nouvelles qu'il annonce sont toujours optimistes, mais, dans ce recueil, on trouve les proclamations des Alliés, les ordonnances du Roi, des lettres de divers personnages, etc... ; c'est à ce titre seulement que ce journal a de la valeur.

*Collection complète des Lois*, pub. p. J.-B. Duvergier, Paris, T. XX, 1837, in-8.

**Angeberg.** *Le Congrès de Vienne et les traités de 1815*, 2e partie, Paris, 1863, in-8o. Recueil de documents, conventions, traités, mémoires politiques, protocoles des conférences tenues par les Alliés (pub. d'après le livre de Gagern ; v. ci-dessous).

**Beugnot** (Comte). *Mémoires*, pub. p. son petit-fils, Paris, 3e édit., 1889, in-8o. (Quelques indications particulières).

**Bourrienne.** *Mémoires*, pub. p. D. Lacroix, Paris, sd., in-12, t. V, (anecdotes).

**Castlereagh.** *Correspondance*, 3e série, t. II et III, Londres, 1853, in-8o, (utile).

**Davout.** *Correspondance*, 1801-1815, t. IV, Paris, 1885, in-8o.

**Fouché.** *Mémoires*, Paris, 2e édit., 1824, in-8o, 2 vol., (authenticité douteuse, peu de renseignements).

**Gagern** (Von). *Mein Antheil an der Politik*, Leipzig, 1845, in-12, t. V et VI, 434 et 284 p., (important, surtout à cause des protocoles des conférences des Alliés).

**Guizot.** *Mémoires pour servir à l'histoire de mon temps*, Paris, 1858, in-8o, t. I, (intérêt médiocre).

**Metternich.** *Mémoires, documents et écrits divers*, pub. p. Richard de Metternich, Paris, 3e édit., 1881, in-8o, t. II, (ne fournit pas beaucoup de renseignements sur cette période).

**Pasquier** (Baron). *Mémoires*, pub. p. le duc d'Audiffret-Pasquier, Paris, 5e édit., 1894, in-8o, t. III, (utile, renseignements de première main).

**Talleyrand.** *Mémoires*, pub. p. le duc de Broglie, Paris, 1891, in-8o, t. III, (trop de discrétion diplomatique).

**Vitrolles** (Baron de). *Mémoires et relations politiques*, pub. p. E. Forgues, Paris, 1884, in-8o. t. III, (ultra-royaliste qui a été mêlé temporairement aux événements).

**Wellington.** *Dispatches*, Londres, 1838, in-8o, t. XII, (indications fournies par un homme sincère et honnête).

## C. — OUVRAGES GÉNÉRAUX.

### 1o Juridiques.

**Basdevant** (J.). *La Révolution Française et le droit de la guerre continentale*, Paris, 1901, in-8o, 216 p.

**Bernier.** *De l'occupation militaire en temps de guerre*, Paris, 1884, in-8o, 184 p.

**Bruey** (J.). *Les traités et la réglementation du droit de la guerre*, Paris, 1917, in-8o, 240 p.

**Chevalley** (E.). *Essai sur le droit des gens napoléonien*, Paris, 1911, in-8o, 190 p.

**Ferrand** (G.). *Des réquisitions militaires*, Paris, 1891, in-8o, 316 p.

**Klüber** (J.-L.). *Le droit des gens moderne de l'Europe*, Paris, 1828, in-8o, 624 p.

**Martens** (J.-F. de). *Précis du droit des gens moderne de l'Europe*, Paris, in-12.

**Mougenot** (R.). *Des pratiques de la guerre continentale durant le Premier Empire*, Paris, 1903, in-8o, 432 p.

**Pillet** (A.). *La guerre actuelle et le droit des gens*, Paris, 1916, in-8o, 131 p., (extr. de la *Revue Générale de droit international public*).

**Pradier-Fodéré.** *Traité de droit international public*, t. VII.

**Robin** (R.). *Des occupations militaires en dehors des occupations de guerre*, Paris, 1913, in-8o, 800 p.

**Rollin** (A.). *Le droit moderne de la guerre*, Bruxelles, in-8°, t. I, 1920, XVI-586 p., — t. II, 1921, 455 p., — t. III, 1921, 612 p.

**Rücklin** (R.). *Les réquisitions militaires*, Paris, 1915, in-8°, 264 p.

**Vattel** (E. de). *Le droit des gens ou Principes de la loi naturelle appliqués à la conduite et aux affaires des nations et des souverains*, pub. avec une introduction de A. de Lapradelle par The Carnegie Institution of Washington, 1916, in-4°, 2 vol., LV-XXXVI-541 p. et 375 p.

2° **Historiques.**

**Beaulancourt-Marles** (Comtesse de). *Boniface Louis André de Castellane 1758-1837*, Paris, 1901, in-8°, 378 p.

**Charléty** (S.). *La Restauration*, dans l'Histoire de France contemporaine pub. sous la direction d'Ernest Lavisse, Paris, sd. in-8°, p. 72 et sq.

**Crétineau-Joly**. *Histoire des traités de 1815*, Paris, 1842, in-8°, 407 p.

**Duvergier de Hauranne**. *Histoire du gouvernement parlementaire en France*, Paris, 1859, in-8°, t. III, p. 188 et sq.

**Houssaye** (H.). *1815*, Paris, 1893-1899, in-12, 3 vol.

**Madelin** (L.). *Fouché*, Paris, 1900, in-8°, XXXIV-1096 p.

**Nervo** (Baron de). *Le comte Corvetto*, Paris, 1869, in-8°, 584 p.

**Pertz** (J.-H.). *Das Leben des Ministers Freiherrn vom Stein*, Berlin, 1851, in-8°, t. IV, 756 p.

**Rain** (P.). *L'Europe et la Restauration des Bourbons 1814-1818*, Paris, 1908, in-8°.

**Schaumann**. *Geschichte der zweite Pariser Friedens*, Leipzig, 1844, in-8°.

**Schoell**. *Histoire abrégée des traités de paix entre les puissances de l'Europe depuis la paix de Westphalie*, Paris, 1817, in-8°, t. XV.

**Sorel** (A.). *Le traité de Paris du 20 novembre 1815*, Paris, 1872, in-8°, 153 p.

**Sorel** (A.). *L'Europe et la Révolution Française*, Paris, 2e édit., 1904, in-8°, t. VIII, liv. II, chap. III et IV.

**Vaulabelle** (De). *Histoire des Deux Restaurations*, Paris, 7e édit., sd, t. III, in-8°.

**Viel-Castel** (L. de). *Histoire de la Restauration*, Paris, 1861, in-8°, t. III et IV.

D. — OUVRAGES ET ARTICLES PARTICULIERS[1].

**Ackere** (Van). Le siège de Cambrai en 1815; *Mémoires de la Société d'ému-*

1. La liste de ces ouvrages a été dressée en majeure partie avec la *Bibliographie Générale des travaux historiques et archéologiques publiés par les Sociétés Savantes de la France*, de MM. de Lasteyrie et Vidier. Cette bibliographie s'arrête pour l'instant à l'année 1910. Il est pourtant à présumer que, depuis la guerre dernière, des érudits provinciaux auront été enclins, comme leurs prédécesseurs, à étudier l'invasion de la France en 1815. Par suite, la documentation devra être complétée lorsque la suite de cette bibliographie paraîtra.

*lation de Cambrai*, t. LV, p. 507-528, séance du 16 décembre 1900 (peu de chose, récit agréable).

**Beaufort** (W.-H. de). Extraits de la correspondance du baron Fagel, envoyé du roi des Pays-Bas près du roi de France pendant et après les Cent Jours ; *Revue d'histoire diplomatique*, 1896, t. X, p. 28-44 (utilité restreinte).

**Bérard** (A.). La défense de Pierre-Châtel en 1814-1815 ; *Révolution française*, 1900, t. XXXVIII, p. 234-255 (peu important, pas de textes).

**Berthet** (Curé d'Hermance). Note sur l'invasion des Autrichiens en 1815, pub. p. E. Vuarnet ; *Mémoires et documents publiés par l'Académie chablaisienne*, 1908, t. XXII, p. LXIV, (insignifiant).

**Boëll** (Ch.). Un chapitre de l'histoire d'Autun, l'année 1815 ; *Mémoires de la Société éduenne*, n[lle] série, 1902, t. XXX, et 1907, t. XXXV, (détails particuliers).

**Breitstroff.** *Episode de 1815 dans le Briançonnais*, Grenoble, 1850, in-8°, 56 p., (littéraire, sans précision).

**Bruchet** (Max). L'invasion et l'occupation du département du Nord par les Alliés (1814-1818) ; *Revue du Nord*, t. VI (p. 261 et sq.), t. VII (p. 30 et sq.), 1920, (intéressant).

**Cazin** (F.-S.). *Les Russes en France : souvenirs des années 1815, 1816, 1817*, Avranches, 1880, in-12, 37 p., (rien que des considérations générales).

**Chabeuf.** Le Saint-François du Musée de Dijon... ; *Mémoires de l'Académie des sciences, arts et belles-lettres de Dijon*, 1907-1910, 4e série, t. XI, p. XLIII-XLV, (simple notice décrivant le tableau).

**Chabrol** (Comte de). Lettre au ministère de l'Intérieur, pub. p. Ch. Schmidt ; *Revue d'histoire de Lyon*, 1904, t. III, p. 233-238.

**Chable** (A.). La campagne des frontières du Jura en 1815 par le général Lecourbe ; *Bulletin de la société des sciences historiques et naturelles de l'Yonne*, 1880, t. XXXIV, p. 222, (peu de détails).

**Chorgnon** (Abel). *Roanne pendant l'invasion 1814-1815*, Roanne, 1905, in-8°, 296 p., (utile).

**Chuquet** (Arthur). Les Prussiens et le musée du Louvre en 1815 ; *Revue des Sciences Politiques*, 3e série, t. XXXVI, 15 octobre 1916, p. 264-294, (utile).

**Creste** (G.). Souvenirs d'invasion en 1815 ; *Bulletin de la Société Percheronne*, 1907, t. VI, p. 51-64, (détails donnés par un domestique).

**Despagne.** Rues et habitants (les Allemands à Versailles, 1er juillet 1815) ; *Association artistique et littéraire, Versailles illustré*, t. VIII, 1903-1904, p. 49-53, (peu important).

**Desvoyes** (A.). Avranches en 1815 ; *Revue de l'Avranchin*, 1909, t. XV, p. 161-178, (dates sur l'occupation prussienne).

**Duminy** (E.). Notes sur le passage des Alliés dans le département de la Nièvre ; *Bulletin de la Société Nivernaise*, 3e série, t. XI, 1905, in-8°, p. 249-289, (nombreux détails).

**Duminy** (E.). Notes sur Nevers pendant les années 1813-1814-1815 ; *Bulletin de la Société Nivernaise*, 3e série, t. XI, 1905, in-8°, p. 290-354, (peu important).

**Dumont** (G.). Extrait du rôle des contributions pour les fournitures des années... 1815 ; *Bulletin de l'Union Faulconnier,* 1910, t. XIII, p. 7-9, (reproduction d'un document intéressant).

**Dupleix de Mézy**. Rapport sur l'invasion en 1815 ; *Revue du Nord,* pub. p. Max Bruchet, t. VII, mai 1921, p. 99 et sq., (très détaillé).

**Faye** (H.). Les Prussiens en Touraine et en Anjou en 1815 ; *Revue de l'Anjou,* t. XV, 1887, in-8°, (quelques détails).

**Firino** (R.). Soissons en 1815 ; *Bulletin de la Société archéologique, historique et scientifique de Soissons,* 1910, 3e série, t. XVII, p. 87-227, (intérêt médiocre).

**Fouquier-Cholet**. *Précis historique des occupations militaires de la ville de Saint-Quentin en 1814 et en 1815,* Saint-Quentin, 1824, in-8° (verbiage littéraire et moral : valeur historique des plus minimes).

**Fourquemin** (François-Joseph). Extrait de ses Mémoires, pub. p. L. Guéneau ; *Mémoires de la Société académique du Nivernais,* 1902, t. X, (détails curieux).

**Gabory** (E.). *Les Bourbons et la Vendée,* Paris, 1923, in-12, p. 10 à 31, (fait d'après les documents).

**Gaffarel** (Paul). *Dijon en 1814 et en 1815,* Dijon, 1897, in-8°, 382 p., (fait d'après les documents : essentiel).

**Gallot** (G.). Journal d'un officier genevois ; *Annales Franc-Comtoises,* 1892, t. IV, (menus faits relatifs aux Suisses).

**Gras** (A.). Grenoble en 1814 et 1815 ; *Bulletin de la Société de statistique, des sciences naturelles et des arts industriels du département de l'Isère,* 1856, in-8°, 2e série, T. III, p. 1-86, (renseignements utiles).

**Guironde** (J.). *Tournus en 1814 et en 1815, histoire locale,* 1903, in-8°, 205 p., (manque de précision).

**Hautecloque** (Comte G. de). La seconde Restauration dans le Pas-de-Calais ; *Mémoires de l'Académie des sciences, lettres et arts d'Arras,* 2e série, t. XXXVII, p. 255 et sq., (s'occupe surtout de la situation intérieure).

**Jacquemart** (René). Blocus de la ville de La Fère ; *Bulletin de la Société académique de Chauny,* 1894-1895, t. V, p. 33-95, (nombreux détails techniques).

**Joubert** (A.). Souvenirs de l'occupation prussienne en Maine-et-Loire, 1815 ; *Mémoires de la Société d'agriculture, sciences et arts d'Angers,* 1891, 4e série, T. V, p. 171 et sq., (quelques détails précis).

**Lavollée**. Journal du maire de Danmartin-en-Goelle pendant l'invasion, pub. p. le capitaine Choppin ; *Carnet de la Sabretache,* 1904, 2e série, t. III, (détails curieux).

**Laxague** (De). *Siège de Bayonne, etc...,* Aix, 1906, in-12, 34 p., (insignifiant pour 1815).

**Lechevallier-Chevignard** (G.). Le rachat de la Manufacture de Sèvres aux Alliés en 1815 ; *Archives de l'Art Français,* 1907, nlle période, t. I, p. 246-279 ; — cf. *Bulletin de la Société de l'Histoire de l'Art Français,* 1907, t. I, p. 114-120, (détails très précis sur un point particulier).

**Libaudière** (F.). Histoire de Nantes sous la Restauration ; *Annales de la Société académique de Nantes et du département de la Loire-Inférieure,* 8e série, t. II, p. 46-64, (étude consciencieuse).

**Lioret** (G.). *1814-1815 à Moret-sur-Loing et dans les environs*, Fontainebleau, 1904, in-8°, 207 p. ; — extr. des *Annales de la Société historique et archéologique du Gâtinais*, 1904, (a utilisé en partie les papiers de la Commission des Réquisitions).

**Lorin** (F.). Henry Levasseur..., l'invasion (1814-1815) ; *Mémoires de la Société archéologique de Rambouillet*, 1897, t. XII, p. 243-290, (détails sur les violences).

**Mennechet.** Saint-Quentin en 1814-1815 ; *Bulletins de la Société des antiquaires de Picardie*, 1871-1873, t. XI, p. 255, (peu de détails utiles ; souvenirs sans précisions du grand-père de l'auteur).

**Mennesson.** L'invasion de 1815 à Vervins ; *La Thiérache*, 1893-1894, t. XVI, p. 178, (publication et indication de documents).

**Papillon** (L.). Episode de l'invasion de 1815 ; *La Thiérache*, 1892, t. XV, p. 89, (récit utilisable fait d'après un témoin oculaire).

**Piccard** (L.-E.). Les Autrichiens en Chablais ; *Congrès des Sociétés Savantes Savoisiennes*, 1886, t. VIII, p. 289-318, (peu de chose).

**Pingaud** (L.). La Franche-Comté en 1815 ; *Procès-verbaux et Mémoires de l'Académie des sciences, belles-lettres et arts de Besançon*, 1893, p. 288 et sq., et 1894, p. 82 et sq., (s'occupe surtout de l'état d'esprit dans le département du Jura).

**Plancy** (Comte de). *Souvenirs*, Paris, 1904, in-8°, xx-579 p., (souvenirs peu utiles du préfet de Seine-et-Marne).

**Pougiat.** *L'invasion dans le département de l'Aube*, Troyes, 1833, in-8°, 472 p., (beaucoup trop de verbiage et d'éloquence).

**Rigault** (A.). *L'invasion de 1815 en Seine-et-Marne*, Meaux, 1911, in-12, 243 p., (détails précis et intéressants).

**Risch** (L.). Les événements de 1815 à Thiverval ; *Revue de l'histoire de Versailles et de Seine-et-Oise*, 1904, in-8°, p. 152, (chronologie et quelques chiffres).

**Seyssel** (Comte de). Le fort de l'Ecluse suivi du journal du siège de 1815 ; *Congrès des Sociétés Savantes de la Savoie*, 1905, t. XVII, p. 519-531, (question des places fortes).

**Sourdat** (Abbé). Lettre sur Villiers-en-Lieu pendant les invasions de 1814-1815 ; *Revue de Champagne et de Brie*, 1900, t. XII, (détails curieux sur les relations avec les Russes).

**Thomassin** (Général). Blocus de La Fère par les Prussiens en 1815 ; *Carnet de la Sabretache*, 1908, 2e série, t. VII, p. 129, 225 et 305, (dates du blocus).

**Tiersot** (E.). La Restauration dans le département de l'Ain ; *Annales de la Société d'émulation, agriculture, lettres et arts de l'Ain*, 1883 et 1884, t. XVI et XVII, (état d'esprit).

**Trémaudan** (J. de). Note dans l'*Intermédiaire des chercheurs et des curieux*, 1902, t. XLV, col. 422-423, (chronologie à utiliser).

**Trémont** (Baron de). Extraits des manuscrits inédits par Prod'home et Radiguer ; *Revue d'Ardenne et d'Argonne*, 1906-1907, t. XIV, p. 181-189, (peu important).

**Vignols** (L.). *Les Prussiens dans l'Ille-et-Vilaine en 1815*, Rennes, 1893, in-8°, 67 p. ; — extr. des *Annales de Bretagne*, 1892-1893, t. VIII, (travail excellent).

**Vorges** (E. de). Un projet de démembrement de la France par les Alliés en 1815, avec la carte dressée par le général Knesebeck ; *Revue d'histoire diplomatique*, 1888, t. II, p. 402-405.

**Weill** (Commandant). *Les Cent Jours*, Paris, 1915, in-8°, 96 p. ; — extrait de la *Revue de Paris*, (point de vue diplomatique).

**Weiss** (Ch.). Journal d'un Bisontin pendant l'année 1815, pub. p. L. Pingaud ; *Annales Franc-Comtoises*, 1902-1903, t. XIV-XV, (détails sur les excès des troupes alliées).

---

## PRINCIPALES ABRÉVIATIONS.

A. E. — Archives du Ministère des Affaires Etrangères.
A. G. — Archives du Ministère de la Guerre.
A. N. — Archives Nationales.
C. R. — Commissions des Réquisitions.

## CHAPITRE PREMIER

### RÉSUMÉ HISTORIQUE

Pour pouvoir déterminer les caractères de l'invasion de 1815, un exposé historique succinct de la situation générale, résultant du conflit de Napoléon avec les puissances, est tout d'abord nécessaire.

Depuis 1812, successivement refoulé de Russie, puis d'Allemagne, Napoléon se trouva obligé deux ans après de défendre le sol national. Pour la première fois depuis une vingtaine d'années, les Alliés envahirent la France et forcèrent l'Empereur à l'abdication. Rassurés par cet acte, ils acceptèrent le nouveau souverain que leur offrait Talleyrand : ils crurent aux assertions du prince de Bénévent qui leur affirmait le désir des Français de revoir sur le trône la monarchie bourbonienne. La guerre se terminait à leur avantage : Louis XVIII était un roi de leur choix, leur devant tout, intéressé à agir d'accord avec eux et à ne pas troubler la tranquillité européenne. Aussi les Alliés, par le traité de Paris du 30 mai 1814, n'imposèrent-ils pas à la France des conditions très lourdes. Comme le dit fort justement Sorel, « la France avait en 1814 subi la guerre et l'occupation ennemie : mais l'occupation avait été courte et les Alliés, satisfaits de leur victoire, s'étaient efforcés d'en alléger le fardeau pour le vaincu » [1].

Onze mois plus tard, pour des raisons qu'il est inutile d'examiner ici, le gouvernement bourbonien s'effondrait. Parti de l'île d'Elbe, Napoléon débarqua en France et celui

1. A. Sorel, *Traité du 20 novembre 1815*, p. 68.

que, pendant sa marche, on appela successivement le Bandit ou l'Ogre de Corse, l'Usurpateur, Bonaparte, l'Empereur, ne trouva aucune résistance réelle. Le 20 mars 1815 au matin, Louis XVIII abandonnait les Tuileries pour se retirer à Gand: le soir, Napoléon s'y installait.

A Vienne, les diplomates alliés, réunis en Congrès, discutaient encore sur la répartition des territoires abandonnés par la France au traité du 30 mai 1814. Lorsqu'ils apprirent la nouvelle du retour de l'Empereur, ils prirent immédiatement les décisions les plus énergiques. Après avoir mis Napoléon hors la loi, ils s'unirent étroitement par le traité du 25 mars 1815 : cette convention a une importance capitale puisqu'elle est destinée à déterminer les rapports futurs entre eux et la France.

Par l'article 1er, les parties contractantes s'engagent à user de tous les moyens « pour maintenir dans toute leur intégrité les conditions du traité de paix conclu à Paris le 30 mai 1814,... et les garantir contre toute atteinte et particulièrement contre les desseins de Napoléon Bonaparte ».

Elles déclarent ensuite (art. 3) qu'elles ne déposeront pas les armes tant qu'elles n'auront pas atteint ce but « et tant que Bonaparte ne sera pas mis absolument hors de possibilité d'exciter des troubles *et de renouveler ses tentatives pour s'emparer du pouvoir suprême en France* ».

Comme ce pacte est « uniquement dirigé dans le but de soutenir la France ou tout autre pays envahi contre les entreprises de Bonaparte et ses adhérents », elles invitent Louis XVIII à y souscrire « et à faire connaître... quel secours les circonstances lui permettront d'apporter à l'objet du présent traité » (art. 8) [1].

En somme, les Alliés déclarent expressément qu'ils s'unissent uniquement contre Napoléon et ses adhérents pour les empêcher par la force de troubler la paix de l'Europe et de reprendre la direction de la France. Persuadés que Louis XVIII est capable de s'opposer à la marche de l'Empereur, ignorant

1. V. le texte du traité dans Angeberg, p. 971-973.

la faiblesse réelle des Bourbons, ils n'hésitent pas à les associer à leur cause et à prendre leur parti.

Communication du traité fut donc donnée à Talleyrand, représentant la France au Congrès de Vienne. Celui-ci, qui craignait dans les circonstances présentes l'isolement de son pays, s'empressa, deux jours après, de répondre qu'il se trouvait « suffisamment autorisé par la teneur de ses instructions à adhérer au nom de Sa Majesté Très Chrétienne à chacune des stipulations contenues dans le susdit traité du 25 de ce mois », et, très habilement, il spécifiait, dans sa note aux ministres alliés, que cette alliance était conclue « dans la vue de préserver la France en particulier et l'Europe en général des suites que pourrait avoir l'invasion de Bonaparte ». Connaissant mieux que les autres diplomates la véritable situation de son pays et les fautes commises par les Bourbons, il évitait de prendre des engagements trop formels et se bornait à déclarer que les stipulations du traité « seront exécutées de la part de sadite Majesté dans toute la latitude des moyens dont les circonstances lui permettront de disposer »[1].

A Waterloo, le 18 juin, les espérances de Napoléon furent complètement ruinées. Pendant que les Empereurs d'Autriche et de Russie et le roi de Prusse préparaient les armées destinées à envahir le territoire français par le Rhin, celles des deux vainqueurs, Wellington et Blücher, se dirigeaient sur Paris, sans rencontrer de résistance. Soit parce qu'il ne disposait pas de forces suffisantes, soit parce que, pour le succès de ses desseins politiques, Fouché désirait éviter un nouveau combat, le maréchal Davout consentit à entrer en pourparlers avec les ennemis : la convention du 3 juillet leur livra la capitale.

Plusieurs de ses stipulations doivent être retenues. L'armée française se retirera derrière la Loire dans l'espace de huit jours, évacuant totalement la capitale (art. 2) : c'était un moyen d'écarter tout danger de conflit armé et de rendre inoffensive la seule force constituée de la France.

1. Angeberg, note de Talleyrand, 27 mars 1815, p. 984.

Par l'art. 10, Wellington et Blücher promettent de respecter et faire respecter « les autorités actuelles tant qu'elles existeront ». Il en était de même pour les propriétés publiques « à l'exception de celles qui ont rapport à la guerre »; les Alliés s'engagent à n'intervenir nullement « dans leur administration ou dans leur gestion » (art. 11). Clauses semblables pour les personnes et les propriétés particulières; les habitants conserveraient leurs droits et leurs libertés « sans pouvoir être inquiétés ni recherchés en rien relativement aux fonctions qu'ils occupent ou auraient occupées, à leur conduite et à leurs opinions politiques » (art. 12) [1].

A la lecture de ces articles, on est amené à penser que les généraux alliés firent preuve d'une grande modération. Peut-être agirent-ils ainsi « pour ne pas affaiblir la force morale et matérielle de leurs troupes, et pour ne pas pousser à bout un ennemi prêt à se résigner s'il ne souffre pas trop » [2]. Peut-être aussi furent-ils prudents, ne sentant pas avec eux des forces suffisantes pour contenir, au besoin, l'explosion possible de sentiments peu cordiaux chez un peuple qui n'avait pas oublié l'invasion de l'année précédente. Peut-être enfin furent-ils sincères, Wellington tout au moins, sinon Blücher.

En tout cas, cette convention suscita des opinions différentes. Déjà, dans sa proclamation de Cambrai du 28 juin, Louis XVIII déclarait qu'il allait accourir pour se « placer une seconde fois entre les armées alliées et les Français, dans l'espoir que les égards dont je peux être l'objet tourneront à leur salut » [3]. Accentuant encore cette impression, Carnot, chargé alors provisoirement du ministère de l'Intérieur, adressait aux préfets, le lendemain de la capitulation, une circulaire dans laquelle on lit cette phrase caractéristique : « Si le sort des batailles a dû faire remettre momentanément

1. Texte dans Angeberg, p. 1463-1464, ou dans le *Moniteur Universel*, 5 juillet 1815, n° 186, p. 765.

2. Mougenot, *Des pratiques de la guerre continentale durant le Premier Empire*, p. 424.

3. Cité par Rigault, *L'invasion en Seine et Marne*, p. 169-170.

la capitale aux mains des ennemis, ils ont pris l'engagement *solennel* de respecter les personnes, les propriétés publiques et particulières, nos institutions, nos autorités, nos couleurs nationales » [1]. Pour d'autres, au contraire, cette convention fut considérée comme signée uniquement par des chefs militaires et ne liant nullement tous les Alliés : « Jusqu'au 25 mars, disait le ministre prussien Humboldt, l'alliance était faite pour les Bourbons contre Bonaparte; à partir du 25 mars, la ligue était dirigée contre la France pour la propre sûreté des Alliés » [2].

Entre ces deux opinions si contradictoires, le baron Pasquier, qui allait devenir chancelier et par intérim ministre de l'Intérieur, jugeait plus sainement de la véritable situation : « Les articles 10, 11, 12, a-t-il écrit dans ses Mémoires, méritent d'être remarqués à cause de l'esprit qui les avait dictés et de la manière dont ils ont été entendus plus tard » [3]. Les Alliés, en effet, surpris de leur victoire soudaine et complète, allaient modifier leur conception primitive et l'opposer à celle des Français.

1. *Moniteur Universel*, 6 juillet 1815, n° 187, p. 769.
2. Cité par Houssaye, *1815*, p. 524.
3. Pasquier, *Mémoires*, T. 3, p. 307.

## CHAPITRE II

### LA CONCEPTION DES ALLIÉS ET LA CONCEPTION FRANÇAISE

Si l'on en croyait les proclamations adressées par les généraux, commandant les armées alliées, au peuple français en franchissant la frontière, il semblerait que leurs intentions fussent réellement amicales. Ils seraient venus en France uniquement pour renverser Napoléon, comptant sur le concours des adversaires de l'Empereur et leur garantissant la pleine et entière liberté de leurs personnes et de leurs biens.

Le premier de tous, Wellington, qui n'était pas un diplomate, n'hésita pas à dire, deux jours après la bataille de Waterloo, dans un ordre du jour aux soldats anglais et prussiens qu'il commandait : « Comme l'armée va entrer sur le territoire français, les troupes des nations qui sont dans ce moment sous mes ordres sont priées de se rappeler que leurs souverains respectifs sont alliés de Sa Majesté le roi de France, et que la France doit donc être considérée comme pays ami. Il est ordonné que rien ne soit pris ni par les officiers, ni par les soldats, sans paiement »[1]. De Malplaquet, le 22 juin, il accentua encore son opinion, dans sa proclamation au peuple de France : « Je fais savoir aux Français que j'entre dans leur pays à la tête d'une armée déjà victorieuse, non en ennemi (excepté de l'usurpateur prononcé l'ennemi du genre humain avec lequel on ne peut avoir ni paix ni trêve), mais pour les aider à secouer le joug de fer par lequel ils sont opprimés »[2].

1. *Moniteur Universel*, 10 juillet 1815, n° 191, p. 782.
2. *Moniteur Universel* ; ou Wellington, *Dispatches*, T. 12, p. 494-495.

Il leur demandait simplement de rester paisibles et de rompre toutes relations avec Napoléon et ses partisans. Bien plus, le même jour, il prenait l'initiative d'engager Louis XVIII à quitter Gand pour rentrer dans son royaume et, par sa présence, y rétablir l'union et la tranquillité[1].

Pendant que Wellington et Blücher marchaient sur Paris, les Autrichiens et les Russes s'approchaient du Rhin. Avant de connaître les résultats de la bataille de Waterloo, alors qu'ils croyaient encore que Napoléon était le maître, leurs généraux lancèrent eux aussi, des appels au peuple français. Leur incertitude des événements militaires explique leurs déclarations prudentes, pacifiques, dans lesquelles, comme Wellington, ils parlent uniquement de la guerre contre l'Empereur seul.

Ainsi, à Heidelberg, Metternich, rédigeant le 23 juin la proclamation autrichienne pour Schwarzenberg, écrit : « L'Europe veut la paix avec la France ; elle fait la guerre à l'usurpateur du trône français... Les armées alliées vont passer les frontières de la France. Elles protègeront le paisible citoyen ; elles combattront les soldats de Bonaparte ; elles traiteront en amies les provinces qui se prononceront contre lui, et elles ne connaîtront d'autres ennemis que ceux qui soutiendront sa cause »[2].

Le Russe Barclay de Tolly suit le même exemple et adjure, d'une façon plus pressante encore, les Français d'abandonner la cause bonapartiste : « L'Europe désire la paix... Français, il est encore temps. Repoussez l'homme qui, enchaînant de nouveau toutes vos libertés à son char, menace l'ordre social et attire dans votre patrie les armées de toutes les nations. Revenez à vous-mêmes et toute l'Europe vous salue comme

1. D'après Houssaye, *op. cit.*, p. 128-129.
La même idée se retrouve dans une lettre de Wellington au gouverneur d'Ypres; celui-ci ne voulait pas laisser un Français, du Fertre, disposer des fusils et cartouches que Wellington avait envoyés dans la ville : « Je vous prie... de ne pas mettre des entraves à l'exécution de sa commission par Monsieur du Fertre, qui est très intéressante au Roi [des Pays-Bas] votre maître, comme *allié du Roi de France* » : Wellington, *op. cit.*, T. 12, p. 491, 20 juin 1815.

2. Metternich, *Mémoires*, T. 2, p. 520-521 ; — ou *Moniteur Universel*, 10 juillet 1815, n° 191, p. 781.

amis et vous offre la paix. Elle fait plus : dès ce moment, elle considère comme amis tous les Français qui ne se sont point rangés sous les drapeaux de Bonaparte et qui n'adhèrent point à sa cause... Français, venez au-devant de nous; notre cause est la vôtre; votre bonheur, votre gloire, votre puissance sont toujours nécessaires au bonheur, à la gloire et à la puissance des nations qui vont combattre pour vous »[1].

Plus tard, le premier juillet, alors que la défaite et l'abdication de Napoléon sont connues, le baron de Frimont, commandant en chef les armées impériales autrichiennes d'Italie, se souvenant peut-être de son origine française[2], donne à sa proclamation un ton modéré. Pour lui, le seul désir de l'Europe, qui n'est pas l'ennemie de la France, est de voir installer dans ce pays un gouvernement capable de lui inspirer confiance : « Nous arrivons, dit-il, comme des protecteurs pour comprimer les troubles intérieurs qui vous menacent et pour appuyer les vœux que manifestera la nation. » Frimont n'usera de la force que contre ceux qui résisteront; il protégera ceux qui recevront ses soldats comme des amis. Et il conclut : « Français! Votre situation est grave. Réfléchissez-y. Ne vous laissez pas entraîner à un sentiment généreux dans son principe, mais inutile, puisque l'indépendance de votre patrie n'est point menacée. L'Europe en a fait la déclaration : elle est fidèle à ses promesses. Recevez-nous comme des

1. Proclamation datée d'Oppenheim, 23 juin 1815, dans *Moniteur Universel*, 13 juillet 1815, n° 194, p. 793.

Voir aussi la proclamation de D. Alopeus, ministre de l'armée de Sa Majesté l'Empereur de toutes les Russies, gouverneur général des départements de la Meurthe, des Vosges, de la Moselle, de la Meuse et de la Marne — Alopeus avait été, en 1814 déjà, chargé de l'administration de ces mêmes départements : à Nancy, le 29 juin 1815, après avoir rappelé ce fait, il adresse aux habitants, à propos des réquisitions, des rapports avec l'administration, etc..., une proclamation curieuse par son esprit conciliant et par son ton parfois grandiloquent. — A. E., *Mémoires et documents, fonds France*, T. 691, f° 186-187, — ou T. 708, f° 1, — ou *Moniteur Universel*, 22 juillet 1815, n° 203, p. 831. — On peut lui comparer la proclamation de Barclay de Tolly, 6 juillet, dans le *Moniteur Universel*, 1er août, n° 213, p. 862.

2. Le baron de Frimont était né en Lorraine en 1759 ; il avait quitté son pays pour prendre du service en Autriche, il fit de nombreuses campagnes en France et en Italie et mourut en 1831.

amis et vous trouverez en moi le protecteur de vos droits »[1].

De même, à la fin du mois de juillet, les Espagnols affirment ne pas envahir le sol français « pour y commettre des hostilités », mais seulement pour s'opposer aux « ravages d'une faction qui désire la continuation des maux par lesquels la sûreté du trône de Sa Majesté Très Chrétienne et la tranquillité de ses fidèles sujets ont été compromises ». Les Français doivent donc bannir toute crainte et toute méfiance : car, « les liens du sang et des rapports politiques unissent essentiellement votre monarque bienfaisant à notre souverain »[2].

Et jusqu'au mois de septembre les mêmes sentiments sont exprimés par les divers chefs de corps. Les documents abondent, il suffira de citer quelques exemples. C'est le baron autrichien de Baden qui déclare : « les Hautes puissances alliées ne veulent que la paix et une garantie de sa durée »[3]. C'est le bavarois prince de Wrede affirmant que ses vœux les plus sincères sont de voir régner la bonne intelligence entre ses troupes et les autorités françaises[4]. C'est enfin le comte prussien de Tauenzein, qui, le 11 septembre, essaie de rassurer les habitants de Rennes : « Ce n'est pas, dit-il, comme ennemis que nous entrons chez vous »[5].

En somme, non seulement dès les débuts, mais même au cours de l'invasion, des affirmations amicales, désintéressées, ont été proclamées par les alliés ; le *Moniteur Universel*, qui en reproduit certaines, ne cache pas sa satisfaction, et son enthousiasme va même jusqu'à attribuer à Blücher une proclamation que celui-ci n'a jamais faite ! Néanmoins, le nombre de ces documents peut-il impressionner et faire croire à leur sincérité ? Il ne le semble pas. Tout d'abord, peut-on remarquer,

1. A. E., C. R., Jura, — ou *Moniteur Universel*, 22 juillet, n° 203, p. 831, — ou Guironde, *Tournus en 1814 et en 1815*, p. 165-167.

2. A. G., 2e Restauration, correspondance militaire générale, Proclamations du comte de L'Abisval (O'Donnell), 27 et 29 juillet (et non août comme il est dit par erreur).

3. A. E., *Mémoires et documents, fonds France*, T. 703, f° 35, 31 juillet.

4. A. E., C. R., Yonne, 12 août.

5. *Moniteur Universel*, 19 septembre, n° 262, p. 1035, — ou Vignols, *Annales de Bretagne*, T. 8, p. 252.

ces proclamations sont lancées toujours au même moment, lorsque des troupes vont pénétrer sur une partie du territoire; elles ont donc pour but de calmer la légitime frayeur des habitants et de faciliter la tâche aux troupes alliées. En outre, elles proviennent exclusivement de chefs militaires, dont le rôle est essentiellement limité et ne regarde en rien les affaires politiques. Blücher s'en doutait bien. « A un banquet militaire, nous raconte Gagern [1], il a porté la santé suivante : Puissent les diplomates ne pas gâter ce que nous avons fait de bien » [2].

Et, en effet, les diplomates, dès leur entrée en France, furent amenés à modifier la conception primitive. Ils vinrent à Paris avec leurs souverains. Castlereagh et Wellington y représentèrent l'Angleterre, Metternich et Wessenberg l'Autriche, Hardenberg et Guillaume de Humboldt la Prusse, Razoumovsky et Capo d'Istria la Russie. Pénétrés au mois de mars de la théorie que nous venons d'exposer, ils ont, pour la plupart, rapidement évolué vers des solutions plus simplistes, mais aussi plus brutales, dues aux anciennes idées que l'on se faisait de la guerre; ce changement s'est produit sous l'influence de diverses causes qu'il est nécessaire d'examiner brièvement.

Les vingt années de guerre, que l'Europe venait de subir, avaient modifié peu à peu l'état d'esprit créé subitement par la Révolution Française. En 1793, apparaît en effet l'idée de la nation armée se jetant toute entière à la frontière pour lutter contre l'ennemi. Or cet adversaire, contre lequel se lève le peuple, n'a que des armées constituées selon la formule, traditionnelle alors, des *troupes réglées*. La guerre est un jeu qui a ses *règles particulières* et qui se déroule suivant des *principes immuables*. La Révolution vint jeter, au travers

1. Le baron de Gagern, né en 1766, fut d'abord au service de la maison de Nassau ; il fut ensuite chargé par le roi des Pays-Bas d'administrer les possessions allemandes de la maison d'Orange ; il le représenta au Congrès de Vienne et en France pendant les négociations de 1815. Il mourut en 1852.

2. Gagern, *Mein Antheil an der Politik*, T. 5, p. 95, lettre au baron Nagel, 15 juillet.

des rangs bien alignés des soldats de métier, la masse du peuple, ignorant l'art de la guerre, mais soulevé par l'enthousiasme patriotique. Cet état d'esprit nouveau se traduit, en politique, par des guerres entreprises pour la réalisation d'un idéal élevé ; délivrance des peuples opprimés, liberté du genre humain, tels sont les mobiles essentiels invoqués à cette époque. Là est l'opposition entre les deux écoles, l'ancienne représentée par les troupes de métier et la politique du profit immédiat et réel, la nouvelle constituée par la masse de la nation armée et la politique théoriquement idéaliste. Pourquoi, en 1815, la première a-t-elle éliminé, tout au moins partiellement, la seconde ?

La raison est simple. Pour l'effort suprême contre Napoléon, les souverains alliés, empruntant à la Révolution les sentiments qui pouvaient leur être utiles, ont fait appel précisément au patriotisme de leurs peuples et ont réussi à créer chez eux un courant d'enthousiasme analogue à celui de 1793 en France. Certains auteurs contemporains, ou postérieurs, ont, à très juste titre, insisté fortement sur l'influence que les sentiments des peuples avaient exercée sur les diplomates alliés. Quels étaient donc ces sentiments ? D'abord, la déception causée par la disproportion entre leurs efforts et les résultats consacrés par le premier traité de Paris ; ils étaient, a dit le baron Pasquier en parlant des Prussiens, « impatients de n'avoir pu en 1814 profiter de la victoire »[1]. Ils arrivaient en 1815 avec l'intention bien arrêtée de ne plus être dupes. Ils manifestèrent hautement leurs prétentions : « Le bruit se répand, lit-on dans un bulletin de la correspondance ministérielle, que l'Alsace, la Franche-Comté et la Lorraine seront enlevées à la France. Les officiers étrangers disent hautement que ces provinces leur sont acquises par la force des armes »[2]. De nombreuses brochures, aux titres caractéristiques, résumaient cet état d'esprit, par exemple : « *La France est-elle*

1. Pasquier, *op. cit.*, T. 3, p. 228 ; — cf. Sorel, *op. cit.* p. 58-59, — Houssaye, *op. cit.*, p. 490.

2. A. G., 2e Restauration, Correspondance militaire générale, Bulletin, 13 septembre (Haute-Saône).

*moins redoutable sans Napoléon?* » « *Que devons-nous exiger? Appel aux négociateurs de Paris.* » Et c'est encore à ces derniers que s'adressait le conseiller d'état prussien Bütte. Il demandait « que la France fût ramenée à sa frontière de langues avec l'Allemagne; que les Flandres fussent cédées aux Pays-Bas; que l'entretien des armées alliées ne fût pas porté en déduction de la contribution de guerre; que les troupes fussent réhabillées aux frais de la France; que les objets d'art enlevés par la France fussent restitués avec garantie qu'on ne les prendrait plus; que les Alliés fissent raser les monuments français humiliants pour l'étranger, dénommer les édifices, les rues et les places qui rappelaient une humiliation »[1]. Ne sont-ce pas là la plupart des conditions que les diplomates, poussés par l'opinion populaire, imposèrent à la France?

Il y avait en second lieu, comme le dit Bütte, chez les peuples la volonté arrêtée d'humilier les Français. Ils avaient le souvenir de ce qu'ils avaient subi, « de ce que les armées françaises avaient fait souffrir à leurs compatriotes », bien que certains d'entre eux, Belges, Hollandais, Bavarois, Wurtembergeois, anciens sujets et confédérés de Napoléon, eussent eux-mêmes participé à ces déprédations! Ceux-ci voulaient rendre « à la France le mal qu'ils avaient infligé en son nom à d'autres pays »[2]. Leur désir était d'autant plus violent qu'ils n'avaient plus à redouter comme autrefois leur adversaire complètement désarmé. Suivant le mot très juste de Viel-Castel, « un peuple deux fois vaincu et subjugué ne leur inspirait plus le même respect, la même crainte »[3]. Rien de plus

1. Sorel, *op. cit.*, p. 73.

2. Viel-Castel, *Histoire de la Restauration*; cité par Sorel, *op. cit.*, p. 69-70.
Dans le discours prononcé à la Chambre des Députés le 25 novembre pour lui présenter le texte du second traité de Paris, le duc de Richelieu a fait allusion à ces sentiments : « La France a porté presque partout ses armes victorieuses : mais, il faut le dire, partout où elle a vaincu, elle a excité des craintes, provoqué des vengeances et allumé des ressentiments que le temps, qu'une grande modération, qu'une persévérante et invariable prudence pourront seuls parvenir à calmer » (Angeberg, p. 1646); — Voir aussi des exemples cités par Basdevant, *La Révolution Française et le droit de la guerre continentale*, p. 29.

3. Viel-Castel, *op. cit.*, T. 3, p. 448; — cf. Sorel, *op. cit.*, p. 68, et aussi, p. 70, citation de Pertz.

caractéristique que ce récit du maire de Danmartin-en-Goelle, Lavollée, relatif aux exigences des ennemis : « Lorsqu'on leur faisait des observations, ils répondaient : Gueux de Français, nous voulons vous vexer et vous humilier. — Mais, leur disait-on, vous venez comme alliés. — Nous venons, répondaient-ils, non pour votre Roi et lui rendre sa couronne, mais pour vous anéantir »[1].

Enfin ces peuples ne formaient-ils pas de véritables armées de métier puisqu'ils étaient à la solde de l'Angleterre ? En tout cas, ils en prirent vite la mentalité. Autrefois, pendant la guerre de Trente Ans, les bandes de l'Europe centrale avaient émis un principe, depuis bien connu et trop souvent suivi : « la guerre doit nourrir la guerre ». Les armées, qui envahissent la France en 1815, l'adoptèrent et, comme leurs devancières, n'hésitèrent pas à le mettre en pratique. La guerre, en effet, entraîne fatalement avec elle l'idée de pillage, de vivre aux dépens de l'ennemi, de lui faire le plus de mal possible. Ainsi, nous dit un historien, les Prussiens en 1815 déclarent qu'ils ne veulent pas quitter la France « qu'elle ne soit comme si le feu du ciel y avait passé »[2].

Ainsi, déception profonde, volonté d'humiliation et de vengeance, désir ardent de s'enrichir tandis que l'ennemi s'appauvrit, tels semblent être réellement les sentiments des envahisseurs de la France. Comment les diplomates et les ministres, tout en n'appréciant guère les forces morales, ne les auraient-ils pas utilisées, puisqu'elles devaient servir leurs véritables desseins politiques ?

En effet, la France est désarmée, les Alliés sont vainqueurs sans combat, ils n'ont plus devant eux aucune force qui puisse les arrêter. Comment ne pas tirer de ces circonstances favorables le profit le plus grand ? Comme déjà au dix-huitième siècle, les Alliés considèrent donc que les rapports entre les états ne sont pas réglés par la morale ; de même pour le droit

1. Lavollée, *Journal...*, *Carnet de la Sabretache*, 1904, 2e série, T. 3. p. 446-447.
2. Houssaye, *op. cit.*, p. 490 : — Dans ses *Mémoires*, T. 3, ch. v, p. 134, Vitrolles insiste avec raison sur l'obligation pour les rois de tenir compte de l'opinion de leurs peuples.

international public, qui a été sans doute invoqué par Talleyrand au Congrès de Vienne, mais qui n'exerce alors aucune influence réelle. Ils se trouvent devant « une situation de fait, résultat d'une partie engagée où tous les moyens sont bons... D'ailleurs, la guerre doit alors, non seulement nourrir la guerre, mais encore rapporter plus qu'elle ne coûte : au cours des hostilités, le vainqueur exploite son adversaire, et cela d'autant plus facilement qu'il ne sépare guère l'occupation provisoire de la conquête définitive » [1]. C'est la théorie traditionnelle, celle de la force brutale méprisant les conventions conclues, que les Alliés, imitateurs de Frédéric II, reprennent [2].

Cette tradition, ils la retrouvent encore à un autre point de vue. Vattel, dont l'influence n'a fait que croître avec le temps, avait émis la théorie suivante : le chef de l'état, quel qu'il soit, représente la nation dans toutes ses manifestations extérieures, il incarne le peuple qu'il a mission de diriger ; toute offense, qui s'adresse à lui, atteint à travers sa personne la nation dont il est le porte-parole. Par suite « quand le conducteur de l'état, le souverain, déclare la guerre à un autre souverain, on entend que la nation entière déclare la guerre à une autre nation ». Ce principe s'applique même dans le cas où des puissances interviennent en faveur d'un prince dépossédé ; « alors elles se déclarent ennemies de la nation qui a reconnu son rival ». Et elles y sont d'autant plus autorisées si elles considèrent que leur adversaire constitue un danger public : « S'il était quelque part une nation inquiète et malfaisante, toujours prête à nuire aux autres, à les traverser, à leur susciter des troubles domestiques, il n'est pas douteux que toutes ne fussent en droit de se joindre pour la réprimer, pour la

1. Mougenot, *op. cit.*, p. 2 et 13 ; — cf., A. E., *Mémoires et documents, fonds France*, T. 690, f° 104-106, ou T. 691, f° 251, la note des ministres alliés à Talleyrand, 6 août 1815.

2. Frédéric II disait : « Quant à la sûreté future de nos nouvelles possessions, je la fonde sur une bonne et nombreuse armée, un bon trésor, des forteresses redoutables et des *alliances de parade* » ; cité par Mougenot, *op. cit.*, p. 13. — Sur l'influence de la tradition, voir aussi Basdevant, *op. cit.*, p. 2-3.

châtier et même pour la mettre à jamais hors d'état de nuire [1] ».

Or la France, depuis longtemps épouvantail de l'Europe, n'avait-elle pas repoussé le 20 mars 1815 le souverain légitime pour embrasser la cause de l'usurpateur ? Cette éventualité avait été envisagée par les diplomates alliés dès le retour de l'île d'Elbe. Le 13 avril, le baron de Gagern exprima très nettement son opinion : « Nous nous faisons illusion si nous croyons n'avoir affaire qu'à une faction. Nous aurons à combattre toutes les forces de la France » [2]. Le 12 mai, la commission, créée au Congrès de Vienne pour examiner la situation résultant de la chute des Bourbons, déposa son rapport, rédigé par Gentz, l'aide indispensable de Metternich : pour elle, l'ordre de choses établi par le premier traité de Paris avait été renversé par une nouvelle révolution ; par conséquent, les puissances se trouvaient, vis-à-vis de la France, dans la même position dans laquelle elles étaient un an auparavant ; « le consentement formel de la nation française au retour de Bonaparte sur le trône équivaudrait à une déclaration de guerre contre l'Europe ». Gentz ajoutait ces mots significatifs : « La question a donc cessé d'être une question de droit : elle n'est plus qu'une question de calcul politique et de prévoyance, dans laquelle les puissances n'ont à consulter que les intérêts réels de leurs peuples et l'intérêt commun de l'Europe » [3]. Plus tard, après Waterloo, dans un entretien entre l'empereur Alexandre et le baron de Gagern, le premier insista sur l'idée que la guerre avait été faite exclusivement à Bonaparte ; Gagern riposta aussitôt : « Je ne croirai qu'on n'a fait la guerre qu'à Bonaparte que quand on me prouvera que lui seul a tiré et sabré à la Belle-Alliance. Je ne connais pas d'alliance avec un individu, on ne les fait avec les princes et les rois que

1. Vattel, *Le droit des gens...*, I, IV, 40-41, p. 42, — III, V, 70, p. 58-59, — IV, II, 14, p. 262, — II, IV, 53, p. 296.
2. Angeberg, p. 1074.
3. Angeberg, p. 1181 et sq.
Dans le traité conclu entre la Suisse et les Alliés le 20 mai 1815, la Suisse promet d'avoir un corps d'armée suffisant pour « couvrir ses frontières contre toute attaque de *l'ennemi* », Angeberg, p. 1207.

parce qu'ils sont chefs de nations. Nous avons eu affaire au gros de cette nation » [1].

Dans ces quelques phrases, le diplomate de Nassau résume les prétextes invoqués par les alliés pour modifier leur conception et leur attitude. Le traité du 25 mars n'est pas valable, car Louis XVIII n'a pas fourni les effectifs militaires auxquels il était tenu [2]; la France tout entière a confondu son sort avec celui de Napoléon; elle lui a donné non seulement son adhésion, mais des troupes qui ont combattu à Waterloo [3]; après l'abdication de l'Empereur, la Chambre des représentants, imbue d'idées libérales, a voulu le maintien de la dynastie exécrée en proclamant Napoléon II [4]. Par suite, la nation française manifeste comme autrefois l'intention de troubler la paix de l'Europe; il faut mettre fin à ce danger. Plus tard, le 20 février 1816, Castlereagh, dans un discours à la Chambre des Communes, reconnaissait sans doute que l'intervention dans les affaires intérieures d'un autre état devait être pratiquée avec prudence et être justifiée ; mais il ajoutait : « Je ne puis m'empêcher de dire que, soit en théorie, soit dans la pratique, la politique veut qu'un gouvernement intervienne, lorsque sa propre sûreté est menacée, sans quoi la

1. Gagern, *op. cit.*, T. 5, p. 113-114. — Voir aussi les exemples cités par Sorel, *op. cit.*, p. 30, surtout la lettre de Vanhagen de Ens.

2. Dans sa note du 27 mars, pour donner l'adhésion de Louis XVIII au traité signé l'avant-veille, Talleyrand avait cependant pris soin de dire que le roi de France exécuterait les stipulations de cette convention « dans toute la latitude des moyens dont les circonstances lui permettront de disposer », Angeberg, p. 984.

3. C'est une question de savoir si l'accueil fait à Napoléon a été unanime. Sans parler du soulèvement de la Vendée, il suffit de dire que beaucoup de ceux, qui avaient combattu avec lui pendant de longues années, refusèrent de le soutenir. De plus, les récits de la fête, célébrée pour la prestation du serment de l'Empereur à *l'Acte Additionnel*, sont loin de montrer un réel enthousiasme en faveur du régime. Voir les appréciations de Sorel et les textes cités par lui, *op. cit.*, p. 29, 66, 67; — cf. Guizot, *Mémoires*, T. 1, p. 100.

4. A. E., *Mémoires et documents, fonds France*, T. 647, f$^{os}$ 236-263 ; — *Précis historique et politique de l'état de la France depuis le retour du roi à Paris en juillet 1815*. Ce précis rédigé en novembre attribue l'invasion surtout à la résistance de la Chambre nommée sous Napoléon pendant les Cent jours, à ses manifestations libérales et à ses tentatives de négociations malheureuses avec les alliés.

porte est ouverte aux dangers les plus imminents pour la sûreté et l'indépendance des nations [1] ».

Ces paroles ne doivent pourtant pas faire illusion ; en réalité elles dissimulent les grands appétits de certaines puissances alliées, car, peut-être alors, il n'y avait pas « une distance énorme de l'ambition d'un roi à l'état d'âme d'un vieux paysan qui brûle du désir d'agrandir son héritage [2] ».

*
**

Telle fut, en effet, l'idée qui domina chez la plupart des ministres alliés après Waterloo. A la fin de juin, au moment où Metternich rédigea la proclamation du prince de Schwarzenberg, « où il est dit : *L'Europe veut la paix* », Gagern (c'est lui qui le raconte) fit « rayer sans difficulté les paroles : *et rien que la paix* » [3]. Quelques jours plus tard, Metternich lui-même, écrivant à sa fille, disait plus crûment encore : « Notre présence en France est un bienfait qui ne ressemble pas mal à une amputation [4] ». Ces intentions, dissimulées jusqu'alors, se précisèrent et se fortifièrent dans les conférences secrètes tenues à Paris par les ministres alliés pour discuter exclusivement entre eux les conditions à imposer à la France. Les mémoires qu'ils ont dressés en juillet-août exposent complètement les théories émises par les diverses puissances, et, ainsi, sont essentiels pour connaître l'évolution graduelle de la conception des alliés.

Le 28 juillet, Capo d'Istria expose la théorie russe, seule à peu près conforme à l'idée première. N'ayant pas considéré la France comme un pays ennemi, les puissances « ne peuvent donc y exercer le droit de conquête » ; Louis XVIII, reconnu par elles pendant la période des Cent Jours, vient d'être remis par elles aussi sur son trône. Par conséquent, « l'Europe a été et se trouve l'alliée de ce gouvernement : l'ayant replacé à

1. Angeberg, p. 1671.
2. Pillet, *La guerre actuelle et le droit des gens*, p. 5.
3. Gagern, *op. cit.*, T. 5, p. 64.
4. Metternich, *op. cit.*, T. 2, p. 522, lettre à sa fille, Sarrebourg, 2 juillet.

2

la tête de la nation française, elle est en paix avec la France[1] ». Il suffira donc de prendre des précautions momentanément et d'entrer en relations immédiates avec le gouvernement français.

Cette théorie modérée, dictée probablement par des considérations particulières à la Russie, souleva les objections des autres diplomates. Le 4 août, Hardenberg répliqua au nom de la Prusse ; pour lui, la confiance et la générosité, dont on a gratifié la France en 1814, n'ont pas été justifiées ; l'histoire montre que, depuis Louis XIV, ce pays a fait preuve d'une ambition démesurée, que son inclination est de « pousser ses conquêtes plus loin et de subjuguer les autres états ». Il faut donc cette fois établir une paix solide et durable[2]. Humboldt compléta la démonstration de son collègue en étudiant la situation de fait : « la France, disait-il, aurait en vain voulu rejeter tous les torts sur Napoléon, elles les avait tellement partagés qu'elle avait rendu impossible aux alliés de séparer la nation de l'usurpateur ». Sans doute, il y a bien le traité du 25 mars 1815 ; mais, si on a sollicité l'adhésion de Louis XVIII, c'est dans l'espoir de détacher à ce moment la France de l'Empereur ; « la nation s'étant mise dans une attitude entièrement hostile envers les puissances alliées, elles ne peuvent la regarder comme étant devenue tout à coup entièrement amie », et Humboldt conclut comme Hardenberg[3].

Quelques jours après, Metternich, beaucoup plus avisé et habile, commence par affirmer que la guerre de 1815, qui n'est pas une guerre de conquête, a été entreprise seulement pour renverser Napoléon et « asseoir un gouvernement en France sur des bases assez solides pour qu'il puisse offrir des garanties de tranquillité à la France et à l'Europe ». Or, quelle est la cause du trouble ? Ce sont « les principes subversifs de l'ordre social, qui ont permis à Bonaparte de s'installer au pouvoir et de s'y maintenir ; c'est le *jacobinisme armé* ». Par suite, Metternich en arrive à conclure que la France, étant

1. Angeberg, p. 1470 et sq.
2. Angeberg, p. 1479.
3. Cité par Sorel, *op. cit.*, p. 94-95.

le foyer de ce jacobinisme, doit fournir aux puissances des garanties solides pour l'avenir [1].

Autour de ces diplomates principaux s'en trouvaient d'autres de moindre envergure, suivant avec inquiétude ces tractations secrètes auxquelles ils n'avaient aucune part. Craignant de voir sacrifier par les grands états les intérêts des petites puissances qu'ils représentaient, ils insistent dans les mémoires qu'ils ont publiés, ils réclament énergiquement, ils sont, en un mot, beaucoup plus catégoriques, plus brutaux et plus vrais que leurs chefs de file. Le type de ces plénipotentiaires, âpres au gain et procéduriers à la fois, est le baron de Gagern, représentant de Nassau et du roi des Pays-Bas. Dès le 4 juillet 1815. il trouve la proclamation de Wellington extraordinaire : « La France pays ami! s'écrie-t-il. On aurait pu, il me semble, modifier cette expression. Ou elle est fausse, comme je pense, ou elle conduit à de fausses interprétations! Un pays ami où on prend des places d'assaut ! En Alsace nous voyons journellement de singuliers traits d'amitié ! » [2]. Puis, au cours du mois d'août, dans plusieurs mémoires, il s'attache à réfuter l'idée que le sort de la France doit être séparé de celui de Napoléon : « Dire qu'on ne fait la guerre qu'à Bonaparte est une des assertions les plus absurdes que jamais gens raisonnables se soient permises et qui ne peut avoir été inventée que pour se moquer de nous. Nous ne la croirons que quand on aura prouvé que lui seul mitraillait, tirait et sabrait à Quatre-Bras, Ligny et Waterloo [3] ». Et, dans d'autres mémoires, Gagern expose en détail et avec minutie ses réels sentiments ; pour lui, les Bourbons, en perdant leur trône, n'ont pas pu satisfaire aux obligations du traité du 25 mars ; ils n'ont contribué en rien à la bataille de Waterloo : la convention avec Louis XVIII n'a donc aucune valeur. D'autre part, il est contraire à la vérité de rejeter tous les torts sur Napoléon ; la France les a partagés, car c'est la « nation » et non pas la « force des bayonnettes » qui a ré-

1. Angeberg, p. 1482-1483.
2. Gagern, *op. cit.*, T. 5, p. 91, lettre du 4 juillet.
3. Angeberg, p. 1489.

tabli l'Empereur sur le trône. Ce qui le prouve, c'est que ce dernier a pu organiser sans encombre un gouvernement et lever deux cent mille soldats. Pour « la sûreté des Alliés », la France, responsable de la nouvelle guerre, doit être mise dans l'impossibilité de nuire [1].

A ces assertions, Wellington répliqua le 11 août que, si l'adhésion de Louis XVIII au traité du 25 mars était irrégulière, elle n'en existait pas moins et devait être respectée; il ajoutait même : « Les Français se sont soumis à Bonaparte ; mais il serait ridicule de prétendre que les Alliés auraient pu, quatorze jours après la bataille, se rendre maîtres de Paris, si les Français en général avaient été disposés pour l'Empire, comme le croient les Alliés [2] ». Castlereagh adopta le même point de vue, et, dans une note à ses collègues, déclara que les cessions que l'on pouvait exiger de la France ne devaient pas être appuyées « sur le droit de conquête, mais sur des principes généraux, par exemple sur le retour à la frontière de 1790. Les Alliés ne doivent jamais oublier que leurs rapports avec le roi de France sont des rapports avec un gouvernement allié [3] ».

En somme, l'examen des mémoires rédigés par les diplomates alliés conduit à la conclusion suivante. Au mois de mars, ils ont tous, en apparence du moins, la même idée, ils séparent la France de Bonaparte et considèrent les Bourbons comme des Alliés. Plus tard, tout est changé : sans doute, la Russie et l'Angleterre restent fidèles à la théorie primitive, tout en demandant des garanties; mais la Prusse, l'Autriche et tous les petits Etats évoluent rapidement, considèrent la France comme un pays ennemi et font preuve, dans leurs demandes exorbitantes, d'une rapacité inouïe [4]. Gagern traduisit cyniquement cette opinion : « Il n'est pas vrai qu'on ne puisse être l'ami

1. Gagern, *op. cit.*, T. 6, p. 11-23 et 45-64.
2. Wellington, *op. cit.*, T. 12, p. 596-600.
3. Sorel, *op. cit.*, p. 99 ; — voir aussi la note de Castlereagh à Talleyrand à propos de la restitution des objets d'art, 11 septembre, A. E., *Mémoires et documents, fonds France*, T. 691, f° 409 (texte anglais), f° 417 (traduction française); ou Angeberg, p. 1510-1514.
4. Voir p. ex. l'opinion du comte Beugnot, *Mémoires*, p. 634.

politique et véritable du monarque, et cependant ronger sa monarchie si les circonstances l'exigent [1] ».

Cette opinion des diplomates traduisait évidemment celle des peuples qu'ils représentaient. Quelques exemples, pris dans la correspondance de juillet à octobre, le prouvent surabondamment. Au préfet d'Eure et Loir, le comte de Breteuil, affirmant que la France et la Prusse sont alliées et que leurs souverains sont amis, le comte de Bülow répond « positivement que la paix n'était point encore signée [2] ». Un commandant belge menace d'arrêter un chef d'escadron français en lui disant « que les alliés n'étaient pas en paix avec la France, que le pays qu'ils occupaient maintenant était leur conquête et qu'il n'avait aucun ordre à donner dans leurs cantonnements [3] ». Un chef de cavalerie prussienne riposte au colonel Gérard « que le drapeau blanc qui flottait sur nos édifices et sur nos remparts ne pouvait rien, que, d'ailleurs, accoutumé aux trompeuses paroles des Français, il ne croirait à notre soumission que sur un écrit du roi ou du ministre [4] ». Un intendant prussien mande au sous-préfet de Compiègne : « Je dois vous observer que ce ne sont ni des Anglais, ni des Russes, ni des Français que nous devons suivre les ordres, mais seulement de nos supérieurs [5] ». Enfin le prince de Hesse-Hombourg gourmande en ces termes le préfet de la Meuse, coupable d'avoir écrit une lettre, à son avis peu convenable : « Ce n'est pas dans ce ton qu'un préfet écrit à un général qui commande

1. Gagern, *op. cit.*, T. 5, p. 299, lettre 28 septembre 1815.
Dans une autre lettre du 28 juillet, il rapporte l'opinion curieuse d'un diplomate français qui pittoresquement rend compte de cette divergence d'opinion : « Monsieur de la Besnardière jurait et pestait contre les Prussiens, appelant Blücher un éléphant et Gneisenau un tigre. Le duc de Wellington était son idole et l'homme parfait, car il était plus français qu'un français ! Lord Castlereagh un peu moins. L'Hyperboréen, c'est-à-dire l'empereur Alexandre, sec et raide d'abord, paraissait déjà céder aux charmes de l'ordre de Saint-Esprit ». T. 5, p. 108-109.

2. A. N., F5. II, Eure-et-Loir, 17, lettre du 20 juillet.

3. A. G., 2e Restauration, Correspondance militaire générale, chef d'escadron de Chatelnot au chevalier de Brichambeau, 24 juillet ; — Voir aussi : *id.*, rapport du général Hugo, commandant de Thionville, 13 septembre.

4. A. G., 2e Restauration, Correspondance militaire générale, colonel Gérard au Ministre de la Guerre, 25 juillet.

5. A. E., C. R., Oise, 7 août 1815.

une armée ennemie, la paix n'ayant pas encore été proclamée ; et ce n'est pas à vous à me faire parvenir des sommations ou de me rendre responsable envers sa Majesté l'Empereur de Russie [1] ».

Tous ces exemples, dans leur variété, montrent la persistance de la même idée, celle de profiter cette fois de l'occasion pour rendre la France seule responsable de la guerre et lui faire subir le plus de pertes possible. Blücher, qui est simplement un soldat, expose cette opinion avec une brutale franchise dans une conversation avec Bourrienne. Il disait à cet ancien secrétaire de Napoléon : « Dieu sait ce qu'il résultera de tout ceci. Ce qu'il y a de certain, c'est que, cette fois, les alliés feront des conditions telles qu'ils seront à l'abri du danger pour longtemps. L'Empereur Alexandre ne veut pas faire expier trop cher aux Français les maux qu'ils nous ont faits ; il les attribue à Napoléon ; mais Napoléon ne peut pas payer les frais de la guerre et il faut bien que quelqu'un les paie : c'était bon pour une fois, mais nous ne pouvons pas être revenus à nos dépens [2] ».

*
**

Que pouvaient répliquer les Français à ces conceptions de leurs ennemis ?

Il sera plus aisé et plus rapide d'expliquer leurs vues ; car, contrairement aux Alliés, les divers gouvernements qui se sont succédé et le peuple lui-même n'ont jamais varié à cet égard.

Déjà, à Gand, le ministre des Affaires étrangères de Louis XVIII, Jaucourt, écrit à Bourrienne, représentant de la France à Hambourg, le 29 mai 1815, que Sa Majesté est « partie intégrante du traité » du 25 mars et qu'elle y est entrée « comme intermédiaire entre les intérêts des puissances et ceux de la nation..., comme l'ange tutélaire qui préservera

1. A. E., C. R., Meuse, 13 octobre 1815.
2. Bourrienne, *Mémoires*, T. 5, p. 560.

la patrie de maux incalculables et qui adoucira tous ceux dont il ne pourra la préserver [1]. »

C'était aussi l'opinion des milieux napoléoniens. Dans sa proclamation au peuple français pour lui annoncer son abdication, l'Empereur, le 22 juin, s'offrant « en sacrifice à la haine des ennemis de la France », ajoute : « Puissent-ils être sincères dans leurs déclarations et n'en avoir réellement voulu qu'à ma personne » [2]. Son ministre de la guerre, Davout, commentant cet événement dans une circulaire aux généraux commandant les divisions militaires, reproduisit à peu près les termes de l'abdication de l'Empereur : « Il renonce, dit-il, au rang suprême et force ainsi les ennemis à montrer s'ils ont été sincères dans leurs déclarations, et si c'est, en effet, à sa personne seule qu'ils ont déclaré la guerre, » [3] et il engagea ses soldats, dans le cas où les alliés seraient « perfides dans leurs proclamations », à se tenir prêts à combattre.

Le lendemain de son retour en France, au Cateau-Cambrésis, le 26 juin, Louis XVIII annonça de son côté à ses sujets que « les puissants efforts de ses alliés avaient dissipé les satellites du tyran », [4] et le 28, dans sa proclamation de Cambrai, il déclarait, comme nous l'avons vu, [5] qu'il venait pour jouer le rôle de modérateur entre les Français et les Alliés.

Enfin, la commission du gouvernement provisoire, nommée

1. Bourrienne, *op. cit.*, T. 5, p. 517. — Jaucourt paraissait cependant prévoir que les Alliés allaient profiter des circonstances pour faire passer leurs intérêts particuliers avant l'esprit et la lettre des traités. « Les intérêts des puissances alliées et les nôtres, dit-il, sont communs sans être identiques. Ce n'est pas pour elles que la France est patrie et elles ne seront pas, comme nous, ingénieuses à expliquer l'inaction du peuple opprimé, à excuser les erreurs et les fautes et à espérer jusqu'au repentir des crimes qui ont été commis ».

2. *Moniteur Universel*, 25 juin 1815, nº 174, p. 715 ; — ou Wellington, *op. cit.*, T. 12, p. 496.

3. Davout, *Correspondance*, T. 4, p. 570-571, nº 1761, 22 juin 1815.

Sous la pression des circonstances, Davout se ralliera à Louis XVIII et, peu après, par une proclamation bien connue du 16 juillet, il engagera les soldats de l'armée de la Loire, qu'il commande, à arborer, eux aussi, la cocarde et le drapeau blancs ; — *Id.* p. 578, 604-605, nºs 1770 et 1796, 28 juin et 16 juillet.

4. Cité par Charléty, *La Restauration*, ch. 3, p. 69.

5. Voir ch. 1.

après l'abdication de Napoléon, affirma plus énergiquement encore, le surlendemain de la capitulation de Paris, des sentiments analogues : « Les déclarations des souverains de l'Europe, écrivait son président Fouché, duc d'Otrante, doivent inspirer trop de confiance, leurs promesses ont été trop solennelles, pour craindre que nos libertés et nos plus chers intérêts puissent être sacrifiés à la victoire » [1].

Ces déclarations, on le voit, sont unanimes ; toutes exposent, les unes avec plus d'énergie, les autres avec plus de prudence, l'espérance dans l'accord entre les alliés et la France. Il résulte en effet de ces documents que les différents gouvernements, qui, dans un court espace de temps, ont présidé aux destinées du pays, ont été imbus des mêmes idées. Cette unanimité pourrait inspirer des doutes sur la valeur de ces proclamations ; elles sont, dira-t-on, purement officielles et lancées pendant une époque de troubles, pour les besoins d'une cause particulière. Ces objections ne manqueraient pas de force si, après l'installation des Alliés à Paris et l'occupation du territoire par leurs troupes, on n'avait pas d'autres exemples de manifestations de la conception française. Or, c'est précisément alors qu'elle a été à la fois discutée régulièrement entre Talleyrand et ses adversaires et affirmée dans le pays par le peuple lui-même.

A première vue, il peut paraître étonnant que le ministère français, constitué le 9 juillet, ait précisé sa doctrine très tardivement, au mois de septembre. Les circonstances dans lesquelles se trouve le pays permettent d'expliquer aisément ce retard. En effet, la France est envahie par des troupes très nombreuses, auxquelles elle ne peut rien opposer. Les fuyards de Waterloo, enfermés à Laon, ne comptent pour rien ; les 25.000 hommes, ramenés de Belgique par Grouchy, sont réduits de moitié par la désertion et dispersés entre les diverses places du nord de la France ; les effectifs de l'armée de la Loire, malgré la proclamation de Davout, ont eux aussi considérablement fondu, et, d'ailleurs, sur la demande expresse

1. *Moniteur Universel*, 6 juillet, n° 187, p. 769.

des alliés, ce qui reste de ces troupes va être licencié. La France, sans soldats, ne peut tout d'abord élever la voix.

Talleyrand, qui se rend compte de cette situation militaire défavorable, est, d'autre part, tenu à une extrême prudence [1]. Sa politique au Congrès de Vienne lui vaut l'animosité du roi de Prusse et du tsar Alexandre Ier, dont il a arrêté les appétits territoriaux par le traité conclu en janvier 1815 avec l'Autriche et l'Anglèterre [2]. En présence de cette hostilité, à laquelle s'ajoute la défiance de Metternich et de Castlereagh, Talleyrand se trouvait dans la même situation que l'année précédente lorsqu'il était allé représenter Louis XVIII à Vienne. Il était donc forcé d'adopter une tactique semblable, ne pas heurter de front ceux avec lesquels il devait traiter, et tâcher, par une attitude circonspecte, modérée et conciliante, d'atténuer la vivacité des sentiments défavorables que les Alliés montraient à l'égard de la France. Telle fut en effet sa conduite et, dès le début, il inclina tellement dans ce sens que l'on peut lire, dans un rapport de police du 12 juillet, ce jugement peut-être partial, en tout cas curieux : « Les employés du ministère des affaires étrangères disent que M. de Talleyrand a l'air d'un allié, que sa physionomie est totalement changée. » [3]

Ces employés du ministre lui-même étaient induits en erreur. En réalité, Talleyrand attendait une occasion favorable pour exposer ses vues. Il la trouva à propos du différend relatif à la restitution des objets d'art. Castlereagh les ayant réclamés en vertu du droit de conquête, il lui adressa le 19 septembre une note pour protester contre cette interprétation. « Leurs Excellences, dit-il au ministre anglais, semblent croire que les deux guerres de 1814 et de 1815 sont de même nature. » Pour lui, les différences sont profondes : « La première, dit-il, était véritablement faite à la nation française parce qu'elle était faite à un homme qui était son chef reconnu

1. Le ministère français a été constitué incomplètement le 9 juillet. Il comprend : Talleyrand (Affaires Etrangères), Pasquier (Justice et provisoirement Intérieur), Louis (Finances), Fouché (Police), Gouvion Saint-Cyr (Guerre), Jaucourt (Marine et Colonies). Il durera jusqu'au 26 septembre.

2. Viel-Castel, *op. cit.*, T. 3, p. 463-464.

3. A. N., F7, 3053.

de toute l'Europe, au nom de qui tout était administré, à qui tout était soumis, qui disposait enfin de toutes les ressources de la France et qui en disposait légalement. » Au contraire, en 1815, Napoléon était hors la loi ; s'il a pu s'établir en France, son pouvoir a été illégal, d'autant plus qu'il n'a pas été reconnu par tous les Français [1]. Ainsi « c'est à lui seul et à la faction qui l'a rappelé, et non à la nation, que, d'après ses propres déclarations, l'Europe a fait la guerre. La guerre s'est donc trouvée terminée et l'état de paix rétabli par le fait seul du renversement de l'usurpateur, la dispersion de ses adhérents et la punition de leurs chefs » [2].

Le lendemain 20 septembre, les alliés communiquèrent à Talleyrand, sous forme d'ultimatum, le projet du traité futur dans lequel ils réclamaient des cessions territoriales. En réponse, Talleyrand dressa, le 21, une longue note beaucoup plus étendue que la précédente et dans laquelle il s'éleva vivement contre les principes émis. Cette note est essentielle, puisqu'elle contient l'exposé de la doctrine française.

D'après le ministre français, pour pouvoir exiger des cessions, il faut une conquête ; pour qu'il y ait conquête il faut un état de guerre. Si la lutte est menée contre une minorité d'habitants et que « le souverain en soit excepté », on ne fait pas la guerre à une nation. « Or, un souverain est excepté de la guerre, que des étrangers font chez lui, lorsqu'ils le reconnaissent ou qu'ils entretiennent avec lui les relations de paix accoutumées. » Cette situation ne peut changer que si ceux qui font la guerre cessent de regarder le souverain comme leur allié et considèrent « la souveraineté comme transférée à ceux que l'on combat. »

Les puissances ont mis hors la loi Napoléon : pour elles, son entreprise a été « le plus grand crime qui peut être commis parmi les hommes » et ses adhérents « des complices de ce

1. Voir note précédente à propos de la Vendée et du refus opposé à Napoléon par beaucoup de ses anciens lieutenants.

2. A. E., *Mémoires et documents*, *fonds France*, T. 691, f° 424 v°, 425 r° ; pub. dans Crétineau-Joly, *Histoire des traités de 1815*, p. 83-84, et dans Angeberg, p. 1520.

crime ». En revanche, elles ont toujours considéré Louis XVIII comme le souverain légitime, entretenu avec lui des relations de paix et d'amitié, pris l'engagement « d'une manière formelle, quoique implicite » de respecter ses droits par le traité du 25 mars, et, enfin, demandé son adhésion à cette convention. Par suite, « si l'on ne peut conquérir sur un ami, à plus forte raison ne le peut-on pas sur un allié. » On objecte que le roi n'a pas rempli les conditions militaires du traité; mais n'y a-t-il pas eu 60 à 70.000 insurgés réels dans l'Ouest et dans le Midi? Beaucoup d'autres ne se sont-ils pas montrés disposés à prendre les armes? Et ainsi Napoléon n'a-t-il pas été obligé de diviser ses forces et les puissances alliées n'ont-elles pas eu des « auxiliaires très réels et très utiles? » Enfin, à mesure que leurs troupes se sont avancées dans le territoire français, n'ont-elles pas rétabli l'autorité du roi légitime?

Sans doute, pour faire accepter sa thèse, Talleyrand exagérait grandement le nombre de ceux qui avaient résisté à Napoléon, les armes à la main, et de ceux dont il supposait, peut-être gratuitement, des intentions défavorables à l'Empereur. Toutefois, en laissant de côté ces considérations d'habileté diplomatique, il n'en reste pas moins que la thèse de Talleyrand était fortement construite. Elle revient en somme à cette idée que les puissances et Louis XVIII sont liés par un contrat formel, et, conclut le ministre français, « nous vivons dans un temps où, plus qu'en aucun autre, il importe d'affermir la confiance dans la parole des rois. » [1]

Les plénipotentiaires alliés se bornèrent, le lendemain, 22 septembre, à manifester leur surprise d'avoir trouvé « dans cette pièce une longue suite d'observations sur le droit de conquête, sur la nature des guerres auxquelles il est applicable et sur les raisons qui auraient dû empêcher les puissances d'y recourir dans le cas présent. » Ils refusèrent dédaigneusement

1. A. E., *Mémoires et documents, fonds France*, T. 693, f° 78-85 : — pub. dans Gagern, *op. cit.*, T. 6, p. 157, — dans Talleyrand, *Mémoires*, T. 3, p. 285, — dans Crétineau-Joly, *op. cit.*, p. 122-126, — dans Angeberg, p. 1531.

de suivre Talleyrand « dans ce raisonnement » ; il leur fallait simplement des gages [1].

Pourtant, depuis le début de l'invasion, l'idée, que les puissances arrivaient comme des alliés, s'était ancrée dans l'esprit de la nation, et, peut-on dire, dans toutes les classes, depuis les maréchaux jusqu'au peuple lui-même.

Dès le 7 juillet, le maréchal Suchet, duc d'Albuféra, opposé aux troupes autrichiennes venant de Suisse, enjoint au préfet de l'Ain de rester à son poste : car « la France n'est plus en guerre avec les puissances coalisées. Le territoire, qu'occupent momentanément les troupes autrichiennes, est un dépôt qui, sans doute, ne tardera pas d'être rendu au gouvernement [2]. » De même, dans l'Yonne, le général Balathier parle des « principes pacifiques qui animent Sa Majesté envers ces mêmes alliés, qui sont aussi les siens » [3]. Le 2 août, le préfet provisoire des Ardennes, protestant auprès de la commission des réquisitions contre les exactions de l'armée prussienne, s'en étonne, puisque, dit-il, nous avons été « les premiers à lui ouvrir nos portes, la regardant comme notre libératrice » [4]. Le 27 août, lorsque les Autrichiens arrivent à Roanne, le maire de la ville recommande aux habitants d'avoir « pour les militaires composant les armées de Sa Majesté l'Empereur d'Autriche tous les égards que l'on doit à *des Alliés* » [5]. Bien plus, les villes elles-mêmes s'adressent aux souverains pour demander leur protection ou rappeler leurs promesses. Celle de Compiègne « a volé, dit-elle au roi de Prusse, au-devant des troupes de Votre Majesté ; elle voyait en elles nos libérateurs et les alliés de notre roi. » [6] Compiègne s'en tient à la supplication ; Versailles est beaucoup plus énergique, à la suite des

1. Cette réplique des Alliés est publiée dans Talleyrand, *op. cit.*, T. 3, p. 293, — Gagern, *op. cit.*, T. 6, p. 168, — Angeberg, p. 1535. — Gagern adressa le 24 octobre à Castlereagh une lettre pour discuter particulièrement la théorie française, réfutation faible, souvent à côté du sujet, ne valant pas les mémoires antérieurs que nous avons cités : T. 6, p. 173-184.

2. A. N., F7, 3734 ou 3786, Bulletin de police du 12 juillet 1815.

3. A. G., 2e Restauration, correspondance militaire générale, 20 juillet 1815.

4. A. E., C. R., Ardennes.

5. Chorgnon, *Roanne pendant l'invasion*, p. 196.

6. A. E., *Mémoires et documents, fonds France*, T. 693, f° 63-64, 16 septembre.

dévastations commises : « Votre Majesté a déclaré à la face de l'Europe qu'elle était l'alliée de notre souverain, ses armes victorieuses de l'usurpateur n'étaient pas tournées contre la France... Sire, vous avez promis votre protection aux Français ! Nous la réclamons. » [1]

Ces exemples, choisis entre beaucoup d'autres, suffisent pour montrer que les vues sur les rapports entre la France et les puissances européennes n'ont pas changé. Des ministres aux simples habitants, tous ont vu, les premiers avec scepticisme, les autres avec sincérité, que la chute de Napoléon ne devait pas avoir des conséquences pour le pays tout entier. Se rappelant la conduite des alliés en 1814, ils comptaient les voir agir de même en 1815, d'autant plus que leur roi s'était uni à eux dès le mois de mars.

En somme, après la bataille de Waterloo, vont s'affronter deux conceptions. Les Alliés veulent tirer de leur victoire le plus de profit possible ; les Français comptent sur une modération semblable à celle dont ils ont bénéficié en 1814. La difficulté devait venir, non pas de l'opposition des vues, mais de la situation respective des deux parties. Les questions qui se posaient entre elles allaient être traitées, non pas d'égal à égal, mais « du fort au faible » et, comme le reconnaît le chancelier Pasquier, il n'était pas aisé de prévoir où elles conduiraient [2].

1. A. E., C. R., Seine et Oise, Adresse au Roi de Prusse : — voir aussi l'adresse du conseil municipal de Chaumes, 21 juillet 1815, dans Rigault, *op. cit.*, p. 85.

2. Pasquier, *op. cit.*, T. 3, p. 343.

## CHAPITRE III

### LA COMMISSION DES RÉQUISITIONS ET LE CONSEIL ADMINISTRATIF DES ALLIÉS

Entre les Alliés et les Français se posa fatalement, du fait de l'invasion, une foule de questions particulières, par ex. : limites de l'occupation, rapports avec les administrations et les habitants, réquisitions en argent et en nature, etc... Pour les régler, le moyen le plus simple et le plus logique était, semblait-il, la constitution, par les parties opposées, de deux organes communiquant entre eux et devant jouer le rôle de comités d'experts.

La différence entre l'état d'esprit du gouvernement français et celui des ministres alliés amena forcément une différence de tactique. Dans le but de consolider son pouvoir en atténuant le plus possible les maux de la guerre [1], le premier se hâta de créer une *Commission des Réquisitions*. Dans le but de consolider leur situation militaire et politique [2], les seconds retardèrent, autant que possible, la création d'un *Conseil Administratif*.

Bien plus, lorsque leur intérêt les força à donner satisfaction à la demande de la France, ils prétendirent réserver directement à eux-mêmes la connaissance de toutes les questions et communiquer leur décision, une fois prise souverainement, au ministère français seul. Ainsi, les relations furent entièrement faussées entre les deux organes, qui devinrent en réalité de simples chambres d'enregistrement.

1. Voir sur ce point Rigault, *op. cit.*, p. 68.
2. Voir sur ce point Houssaye, *op. cit.*, p. 482-483

*
**

Dans l'après-midi du 8 juillet, Louis XVIII fit son entrée dans Paris. Dès le 9 au matin, il signa une ordonnance créant une Commission des réquisitions.

D'après l'article 1er, celle-ci sera chargée spécialement de correspondre avec les préfets des départements occupés par les armées étrangères sur les faits relatifs à cette occupation, « de leur prescrire toutes les mesures qui seront commandées par la nécessité, de subvenir aux réquisitions demandées, de les proportionner aux besoins, et d'en assurer le remboursement aux personnes sur lesquelles elles auront été placées [1]. » En d'autres termes, la Commission jouera le rôle de régulateur pour, d'une part modérer les exigences disproportionnées des troupes alliées, d'autre part répartir équitablement les charges entre les habitants. Comme le dit Pasquier, qui, à titre de chancelier, assistait au Conseil du 9, le gouvernement jugea à propos de confier à une commission particulière « la direction de toutes les affaires relatives à l'occupation d'un grand nombre de départements par les troupes étrangères. C'était un fardeau écrasant auquel n'aurait pu suffire l'organisation habituelle de l'administration centrale [2]. »

Par l'article 2, la commission s'informera auprès des ministres de l'Intérieur, de la Guerre et des Finances, et recevra d'eux « toutes les directions qui pourront lui être nécessaires. » Par conséquent, elle ne dispose pas d'un pouvoir souverain, elle doit jouer le rôle d'organe de centralisation, assumer une charge qui, sans elle, eût incombé à plusieurs ministres à la fois ; mais elle reste sous la dépendance directe de ces ministres. D'après l'article 4, celui des Affaires étrangères, Talleyrand, devait informer de la création de cette commission, non seulement les ministres alliés, mais aussi les généraux en chef.

1. A. E., C. R., Procès-verbaux, etc... ; — ou *Moniteur Universel*, 10 juillet n° 191, p. 782.
2. Pasquier, *op. cit.*, T. 3, p. 139.

Cette Commission fut composée de quatre membres occupant depuis longtemps des charges administratives et, par suite, aptes à connaître et à résoudre les difficultés. Le président fut le comte Corvetto, conseiller d'Etat depuis 1806, l'un des rédacteurs de plusieurs codes napoléoniens, futur ministre des finances dans le cabinet du duc de Richelieu de 1815 à 1818 : il était connu par son esprit conciliant et sa souplesse toute italienne[1]. Le baron de La Bouillerie, maître des requêtes, avait lui aussi rendu d'importants services financiers à Bonaparte, qui l'avait nommé trésorier général du domaine extraordinaire ; sous la Restauration, il devint secrétaire général du ministère de la maison du Roi et, en 1816, il suivit Corvetto à celui des finances comme sous-secrétaire d'Etat[2]. Le baron Portal, ancien armateur à Bordeaux, s'était distingué par ses rapports au Conseil du Commerce ; nommé maître des requêtes par Louis XVIII, il fut ensuite député à la Chambre et occupa de 1818 à 1821 le poste de ministre de la Marine et des Colonies[3]. Le secrétaire, avec voix délibérative, fut le baron Dudon : apprenti imprimeur, employé successivement dans l'armée révolutionnaire et dans les bureaux du ministère des Affaires étrangères où il connut Talleyrand, il remplit en 1809 les fonctions d'intendant général de l'armée d'Espagne et fut nommé l'année suivante maître des requêtes ; c'est sur lui que retomba le travail matériel de la commission ; plus jeune que ses collègues, il s'en distingua par une plus grande vivacité qui devait se manifester en toute liberté plus tard dans les débats de la Chambre des Députés[4]. Si elle donna lieu quelquefois à des réclamations de la part des Alliés, ceux-ci, du moins, ne purent jamais

1. Corvetto (Louis Emmanuel, comte), né à Gênes en 1756, naturalisé français le 5 juillet 1814, mort en 1821 à Gênes. — Sur lui, voir l'ouvrage du baron de Nervo, *le comte Corvetto*.

2. La Bouillerie (François Marie Pierre Roullet, baron de), né en 1764 et mort en 1833 à La Flèche.

3. Portal (Pierre Barthélemy), né près de Montauban en 1765, mort à Bordeaux en 1845.

4. Dudon (Jean François Pierre Cécile, baron) né en 1778 à Bordeaux, mort à Paris en 1857.

contester la compétence technique indéniable des quatre membres de la commission.

Dans sa première séance, le 11 juillet, elle exprima l'intention de se mettre immédiatement à l'œuvre et, fixant son programme, décida « d'écrire à tous les préfets pour leur demander des renseignements sur la situation de leurs départements, l'état des réquisitions frappées par les généraux des troupes alliées et en même temps pour leur donner quelques instructions sur la marche qu'ils devaient suivre, dans le cas où les services se faisaient par entreprise ou par prestations en nature fournies par les habitants [1]. » Mais le ministre des finances, le baron Louis, fut d'avis, qu'avant de commencer la correspondance avec les préfets, il convenait d'entrer en rapports avec les commissaires qui seraient nommés par les alliés et de s'entendre avec eux sur un programme commun.

La commission décida donc d'attendre ; ce fut là l'obstacle principal, toute initiative lui fut en effet interdite pendant près d'un mois. Elle dut se borner à recevoir les réclamations venant des départements, intervenir auprès des chefs militaires, faire appel à leur bienveillance pour diminuer les exigences de leurs troupes [2].

Cependant, inquiète d'être réduite à l'inaction alors que les progrès des armées alliées entraînent l'accroissement des charges pour les Français, la commission résolut, le 13 juillet, d'exprimer ses plaintes au gouvernement et, ensuite, d'entrer en relations avec les ministres alliés. A Talleyrand et à ses collègues, qui, disait-elle, la laissaient « sans instructions », elle exposa ses vues. Pour elle, les armées étrangères ne de-

1. A. E., C. R., Procès-verbaux, séance du 11 juillet.

2. Voir par ex., A. E., C. R., séances des 12, 13, 14 et 15 juillet. Voir surtout le procès-verbal de cette dernière séance : « La commission a répondu qu'elle travaillait à régulariser les divers services des troupes alliées, qu'elle engageait les préfets à continuer leurs efforts pour fournir tout ce qui « tendit » aux besoins du service journalier, que la commission avait la certitude que toute autre demande en argent, effets d'habillement, ne serait faite qu'après avoir été concertée à Paris entre les agents français et les agents des puissances alliées ». Cf. *Id.* séances des 2 et 5 août.

vaient imposer « séparément » aucune contribution en argent ou en effets d'habillement et de campement ; les corps isolés ne devaient demander que les subsistances ; les réquisitions d'objets et les contributions d'argent seraient fournies exclusivement « sur des ordres émanés d'une commission établie à Paris avec laquelle la commission française se concerterait » ; enfin, les administrations étrangères militaires seraient tenues d'adresser leurs demandes aux autorités françaises et c'est exclusivement, par l'entremise de celles-ci, que seraient exécutées les réquisitions de subsistances[1]. Le compte-rendu de la séance n'indique pas la réponse du conseil des ministres ; mais, évidemment, ce programme si sage ne put que mériter son approbation.

La commission se rendit ensuite auprès des ministres alliés pour connaître leurs intentions relativement à la nomination du conseil, qui devait être leur organe. Elle obtint seulement de vagues assurances de Castlereagh et de Pozzo di Borgo qui, de concert avec Metternich et Hardenberg, préféraient négocier directement avec le gouvernement royal[2].

Déçue de ce côté, elle continue à rédiger des rapports au Conseil des ministres sur « les moyens qu'elle croit les plus convenables pour fournir aux demandes des puissances alliées tout en allégeant le fardeau qui pèse sur les malheureux habitants. » Elle persiste à réclamer la nomination de la commission alliée, et l'initiative, pour les réquisitions, des autorités françaises. Elle développe son programme de plus en plus : suppression, à l'avenir, de « toutes les impositions en argent ou en nature », cantonnement méthodique des troupes pour qu' « il en résulte un approvisionnement régulier », demandes d'instructions « sur les moyens de remboursement »

1. Cette distinction est à peu près celle que l'on retrouvera dans les articles 51 et 52 du règlement de La Haye de 1899, sur la guerre sur terre.

2. A. E., C. R., séance du 13 juillet. — La Commission alla voir aussi le général prussien Kinsbeck et le général bavarois prince de Wrède ; elle voulait leur demander d'accorder aux habitants des délais pour le paiement de réquisitions considérables. La visite au premier « n'a produit aucun résultat satisfaisant » ; le second, au contraire, répondit favorablement le lendemain.

qu'elle pourra annoncer aux préfets pour le paiement des réquisitions indispensables, etc[1].

Puis, après avoir reçu pendant plusieurs jours[2] les commissaires envoyés des différents départements occupés par les troupes étrangères et après avoir enregistré leurs plaintes, elle poursuit, sans se lasser, son travail de Pénélope et tient, le 26 juillet, toujours sur la question du programme futur, une importante séance dans laquelle des délégués du gouvernement viennent l'aider de leurs avis autorisés. L'un d'eux, examinant le problème financier, propose, pour mettre fin aux réquisitions illégales et arbitraires des chefs d'armées, le système « des marchés à prix d'argent » ; pour se procurer les ressources nécessaires, il conviendrait de faire « un emprunt divisé entre les particuliers les plus riches du département », dont les traites seront remises en paiement aux entrepreneurs ; ces traites auraient une valeur incontestable, puisque, « n'étant qu'une avance faite à l'état », elles seraient remboursables « sur les impositions que le gouvernement demandera aux Chambres et dont le vote ne peut être douteux ». La Commission adopta ce principe, qui permettait de mieux répartir les charges et d'éviter les désordres ; se préoccupant ensuite d'évaluer la dépense par département, pour un séjour de deux mois et demi, elle arriva à un total de 4.125.000 francs, chiffre évidemment trop modeste et inférieur à la réalité. Pour hâter le versement de cette somme, elle pensait qu'il fallait « autoriser les conseils généraux de département à s'imposer extraordinairement une contribution exigible dans un délai très rapproché. » Le lendemain, le ministre des finances adopta cette opinion[3].

Enfin le 4 août, le baron Pasquier, ministre provisoire de l'Intérieur, adressa, au président de la Commission Corvetto, un long mémoire pour lui exposer les mesures qu'il serait utile de prendre « à l'époque où la récolte doit se faire » pour faci-

1. A. E., C. R., séance du 16 juillet : — ou *Mémoires et documents, fonds France*. T. 691, f° 96-97.

2. A. E., C. R., séances des 17 au 25 juillet.

3. A. E., C. R., séances des 26 et 27 juillet.

liter l'approvisionnement général. Il lui recommande de rédiger une proclamation pour inviter les habitants des campagnes, qui ont quitté leurs villages devant l'invasion, à rentrer chez eux ; ils seront protégés dans leurs travaux ; il sera défendu « de faucher ou couper les grains et fourrages sur pied » et d'enlever tous ceux qui appartiennent aux paysans ; le service des transports sera régularisé pour que les habitants, qui y seront soumis, ne soient pas entraînés trop loin de leur pays d'origine ; des commissaires seront nommés pour empêcher toute infraction et interdire de maltraiter les conducteurs ; les maires, enfin, seront autorisés à requérir la force armée pour que le service des transports ne présente plus « les abus auxquels il a été sujet jusqu'à présent ». Le ministre chargeait la commission de délibérer sur ces graves questions et de « s'entendre sans délai avec la commission nommée par les puissances alliées. » [1]

Le surlendemain, 6 août, les rapports commençaient pour la première fois entre les deux organes. Ainsi, pendant près d'un mois, la Commission française avait été réduite à travailler seule. Son œuvre pourrait paraître vaine et stérile puisqu'elle est unilatérale. Cependant, elle ne fut pas perdue ; la commission a examiné de nombreux problèmes divers, et préparé des solutions qu'elle espère pouvoir faire accepter rapidement par l'organe des alliés, une fois constitué. Cette espérance devait elle se réaliser ? L'attitude observée jusqu'alors par les ministres des puissances ne permettait pas de le présumer.

*
**

Ces ministres arrivèrent à Paris avec l'idée que, vainqueurs, ils pouvaient et devaient traiter la France en pays conquis ; c'était à eux seuls qu'il appartenait de décider de son sort dans des réunions secrètes. Se souvenant de ce qui s'était passé à Vienne, où Talleyrand avait réussi à les désunir, ils

1. A. N., F11, 263, Pasquier à Corvetto, 4 août 1815.

lui adressèrent le 13 juillet une note caractéristique d'après laquelle « ayant pris en considération l'avantage qui résulterait de la réunion des chefs des cabinets d'Autriche, de la Grande-Bretagne, de Prusse et de Russie », ils l'invitaient formellement à ne plus envoyer ses notes « séparément », mais aux ministres des quatre cours « en une seule expédition » [1].

Essayant de parer le coup, Talleyrand feignit de ne pas comprendre l'intention des alliés de traiter seuls « les affaires liées aux rapports généraux du moment ». Le même jour, dans sa réponse, portant la discussion sur un terrain particulier, il proposa « à la délibération de Leurs Excellences une question du plus haut intérêt pour le bien-être des troupes alliées et la sûreté des sujets de Sa Majesté Très Chrétienne. » Il leur demande donc d'établir « une administration unique et commune pour les réquisitions et prestations en nature », de dire quelle part y reviendra aux autorités locales et quels rapports les alliés entretiendront avec la commission française récemment nommée, de suspendre toute contribution jusqu'à la solution de ces questions, et enfin de distribuer d'une façon méthodique « les cantonnements des troupes alliées ou la désignation du territoire. » [2]

Telle n'était pas la pensée des ministres des grandes puissances. Comme le montrent les protocoles de leurs séances [3], ils s'occupent avant tout, soit de mettre la main sur l'administration des territoires occupés, soit de désarmer la France. Ils établissent donc des commissaires auprès des préfets des « grands arrondissements [4] » et obtiennent le licenciement de l'armée de la Loire [5]. Se croyant ainsi assurés contre toute tentative de résistance, ils se gardent bien de répondre à la

1. A. E., *Mémoires et documents, fonds France*, T. 690, f° 13, ou T. 691, f° 84.
2. A. E., *Mémoires et documents, fonds France*, T 690, f° 14, ou T. 691, f° 15.
3. Ces protocoles n'ont pas été publiés. Mais Gagern les a connus en grande partie et les a reproduits dans son ouvrage. Angeberg les a de son côté traduits et résumés.
4. Gagern, *op cit.*, T. 5, p. 135, protocole du 15 juillet.
5. A. G., 2e Restauration, correspondance militaire générale, Ministres alliés à Talleyrand, 17 juillet 1815.

note de Talleyrand. Pour eux, en effet, gagner du temps est un bénéfice certain. Comme le dit si justement un historien, « chaque jour de retard leur profitait, car chaque jour accroissait l'affaiblissement et la ruine de la France... L'épuisement de la France était le mot d'ordre dans les conseils des puissances et dans les états-majors. [1] »

Toutefois, les excès continuellement commis par les troupes étrangères, d'autant plus graves que les populations françaises croyaient voir en elles des alliés, avaient pour résultat de transformer l'indifférence en exaspération : au bon accueil succédait une opposition de plus en plus fréquente. Aussi quelques-uns des alliés commencèrent-ils à éprouver des craintes, en particulier Wellington, qui recevait les rapports inquiétants de ses subordonnés. Dans une lettre à Castlereagh (15 juillet), il ne lui ménage pas les avertissements. Il redoute « une guerre nationale, si l'inutile et même ridicule oppression exercée sur le peuple français n'est pas arrêtée » : pour l'éviter, il faut interdire aux troupes des diverses armées de piller et de détruire les maisons et les propriétés, et surtout régulariser la levée des contributions et des réquisitions « par quelque autorité autre que le bon plaisir de chaque général particulier commandant une armée [2]. »

Chose curieuse, Wellington se rencontrait avec Talleyrand. Soit parce que, à la suite de Waterloo, ses avis étaient sérieusement écoutés, soit parce que les puissances n'avaient plus rien à craindre de la France, les ministres alliés se résolurent enfin. Dans leur note du 24 juillet [3], l'article 7 disait : « Une commission administrative vient d'être établie à Paris et se mettra aussitôt que possible en rapport avec la commission nommée par le roi [4]. » La rédaction dubitative de cet article montre que les ministres des grandes puissances prenaient cette décision à contre-cœur. Et en effet, il fallut

1. Houssaye, *op. cit.*, p. 482-483.
2. Wellington, *op. cit.*, T. 12, p. 558 ; — cité par Houssaye, *op. cit.*, p. 487.
3. Cette note capitale sera analysée dans le chapitre suivant.
4. A. E., *Mémoires et documents, fonds France*, T. 690, f° 41-42, ou T. 691, f° 149-150.

attendre jusqu'au 3 août pour connaître la composition de ce conseil administratif.

L'Autriche y fut représentée par le baron de Baldacci, la Prusse par le baron d'Altenstein, la Grande-Bretagne par le commissaire en chef de l'armée anglaise Dunmore, la Russie par le conseiller d'état Bulkakov.[1]

On constate avec stupéfaction que, dans leur note, les ministres alliés demandaient au gouvernement français de désigner « les personnes qui composeront la commission centrale à établir par le roi. » Oubli volontaire ou involontaire? En tout cas, le 6 août, Talleyrand, indiquant les noms des quatre conseillers français, répliqua que « les ministres du roi avaient déjà eu l'honneur de faire connaître le 10 juillet la nomination de la commission française » : il terminait en exprimant sa plus grande satisfaction de voir que « Leurs Excellences avaient adopté cette première mesure nécessaire pour régler les rapports des troupes alliées avec les pays qu'elles occupent et assurer d'une manière invariable les principes qui peuvent accorder la subsistance des troupes avec les ménagements qui sont sollicités pour le pays[2] ».

Ces paroles de Talleyrand représentent-elles réellement son état d'esprit ? Ne traduisent-elles pas plutôt un optimisme purement officiel ? Les Alliés, en effet, n'avaient pas d'abord daigné répondre à ses propositions primitives, ils avaient ensuite

1. A E., C. R., note Talleyrand, 3 août 1815 ; — ou *Mémoires et documents, fonds France*, T. 690, f° 96, ou T. 691, f° 235; — ou *Moniteur Universel*, 9 août 1815, n° 221, p. 887.

De ces quatre commissaires, les deux premiers seuls sont suffisamment connus. Baldacci. Antoine, né en 1762, était depuis 1811 président de la Cour des Comptes de Vienne. De 1812 à 1815 il fut chargé de diriger l'approvisionnement des armées autrichiennes. Il était peu favorable à la France. En novembre 1815 il fut remplacé comme commissaire par le baron de Barbier, vice-président du département des Finances de l'Autriche (A. E., C. R., lettre de Baldacci à Corvetto). Il mourut en 1841.

Altenstein (Charles François Sigismond Stein, baron d'), né en 1770, fut un des réorganisateurs de la Prusse après Iéna pendant son ministère de 1807 à 1810. Après son séjour à Paris en 1815, il deviendra ministre des Cultes et de l'Instruction Publique et rendra à cet égard de très grands services à son pays. Il mourut en 1840.

2. A. E., *Mémoires et documents, fonds France*, T. 690, f° 110, ou T. 691, f° 262.

retardé de plus en plus l'obligation pour eux de discuter par l'intermédiaire de deux comités théoriquement égaux, ils avaient en somme fait preuve d'un mauvais vouloir persistant.

*
**

Commencées sous des auspices si peu favorables, les relations des deux organes ne devaient pas être très actives. Elles furent inaugurées par la commission française, qui adressa le 6 août une lettre type aux quatre membres du conseil administratif[1]. Dès ce moment, les divergences de vues se manifestèrent entre les deux comités, l'un tendant à élargir la discussion, l'autre à la réduire.

La note du conseil administratif du 8 août émet sans doute l'espoir que, de la collaboration des deux organes, il résultera « le plus grand soulagement possible pour le pays et pour ses habitants », mais ensuite elle n'est qu'une série de récriminations et de réserves destinées à montrer que la compétence des deux comités doit être très fortement limitée. Elle proteste contre l'attitude de plusieurs préfets qui refusent de recevoir les ordres des « gouverneurs nommés par les alliés » et de satisfaire « ponctuellement et sans délai » aux réquisitions édictées par ceux-ci. De même, en ce qui touche les questions de l'habillement, « le produit des revenus publics des départements occupés » et la haute police, tout cela ressort des gouverneurs et des commandants en chef alliés. Ainsi, le conseil administratif, dès le début, soutient la théorie que les principaux services relèvent des autorités occupantes et que c'est à elles à les diriger ; sa conclusion ne laisse pas que d'être ironique : « Dans tous les autres points, l'action des fonctionnaires du Roi est parfaitement libre et indépendante des gouverneurs, et ils peuvent compter sur leur appui pour faire respecter leur autorité et pour augmenter de plus en plus leur considération »[2].

1. A. E., C. R., lettre du 6 août ; — cf. *Moniteur Universel*, 12 août 1815, n° 224, p. 896.

2 A. E., C. R., Principes du Conseil Administratif relativement à l'occupation du territoire, 8 août 1815.

La commission royale ne pouvait pas laisser sans réponse cette théorie basée sur la force. Le 9 août, tout en admettant qu'il convenait de s'entendre avec le conseil administratif « sur les points principaux qui sont à régler pour établir un système uniforme d'administration », elle émit le vœu que, en matière de réquisitions, « lorsqu'il n'y aura pas de péril en la demeure », les demandes fussent faites au conseil lui-même par les gouverneurs et les intendants alliés : informée par lui, la commission française se chargerait ensuite de l'exécution ; de plus, elle n'acceptait pas que l'administration financière dans les départements ne fût pas remise entièrement aux agents royaux et précisait aussi, qu'en matière de justice, « dans aucun cas les fonctionnaires publics français ne seront obligés de suivre d'autres formes de procédure ou d'appliquer d'autres peines que celles déterminées par les lois françaises »[1].

En d'autres termes, malgré toutes les assurances sur le bon résultat qu'aurait la collaboration des deux organes, il exista entre eux, dès le début de leurs relations, une profonde divergence de vues. Cette divergence continua à s'aggraver. Par exemple, la commission française ayant adressé une plainte de la ville d'Etampes au conseil administratif, celui-ci refusa de la recevoir en vertu d'une décision des quatre ministres alliés : « Les objets, dit-il, qui donnent lieu à des plaintes dans les départements occupés par les alliés doivent être portés à la connaissance du ministère du Roi par les autorités françaises respectives et ensuite communiqués par celui-ci, s'il y trouve matière, aux ministres des quatre cours. » En conséquence, le conseil invitait la commission royale à suivre désormais cette marche, « qui est à la fois la plus directe et la seule convenable pour parvenir à vérifier les plaintes[2] ». La commission fut d'un avis totalement différent ; pour elle, cette méthode nouvelle devait offrir « à l'avenir l'inconvénient de beaucoup de lenteur » ; ne pouvant agir

1. A. E., C. R., 9 août 1815.
2. A. E., C. R., note du 16 août.

autrement, elle dut s'y soumettre[1]. Ainsi, après avoir diminué l'étendue de ses attributions en faveur des gouverneurs et des intendants alliés, le conseil administratif se dépouillait encore au profit des ministres des quatre cours.

La commission française tenta un dernier effort. Aux communications écrites, elle proposa de substituer des communications verbales pour « combiner plus promptement les mesures... et accélérer la marche des affaires[2] ». Mais, avant de tenir « cette conférence mixte sur les objets d'intérêt commun », le conseil administratif exige la communication « par écrit » des propositions de la commission française[3]. Celle-ci, croyant enfin aboutir, s'empressa le 22 août de dire qu'il s'agissait, non pas de faire des propositions, mais de concerter des mesures d'intérêt commun sur des questions d'habillement, d'équipement, de cantonnement, des hôpitaux, des vivres, de l'indemnité de table des officiers, etc... « Tous ces objets, dit-elle, tiennent essentiellement à l'administration et leur régularisation intéresse autant le bien des armées que du pays; il se présente plusieurs manières de rétablir l'ordre; quelques explications verbales réuniront facilement les opinions[4]. »

Le 24 août, la réponse du conseil administratif fut décisive. En demandant une liste des matières sur lesquelles devait porter la discussion, il « avait eu présente la possibilité que, parmi ces objets, il s'en trouvât qui ne fussent point de sa compétence ». L'énumération faite « a justifié cette prévoyance ». En effet, la question de l'habillement et de l'équipement est « une affaire dont les puissances alliées ont traité ou se proposent de traiter séparément avec le gouvernement français » ; les autres « sont du ressort immédiat des commandements généraux des armées respectives ». Par suite, le conseil administratif offre seulement aux membres de la commission royale « de se concerter avec eux dans une conférence

1. A. E., C. R., note à Talleyrand, 17 août.
2. A. E., C. R., 19 août.
3. A. E., C. R., Procédure de la conférence mixte, note à la commission royale.
4. A. E., C. R., 22 août 1815. — A la suite de cette lettre, se trouve une liste des questions et, sur chacune d'elles, la commission française indique soit des bases de discussion, soit les solutions qu'elle préfère.

verbale sur les mesures les plus propres à rétablir les correspondances [1] ».

En réalité, ce fut la fin des rapports entre les deux organes, ou, du moins, ils ne correspondirent plus qu'à l'occasion des plaintes soulevées parmi les habitants par la conduite des troupes étrangères. L'intention des ministres alliés apparaît donc bien nette : malgré la constitution du Conseil administratif, ils ont entendu se réserver, comme auparavant, la discussion et la décision des affaires importantes. Ils consentirent à nommer ce comité, à condition qu'il ne prît aucune initiative, et en effet ce conseil remplit son rôle. Il pratiqua tellement l'abstention que, le 15 septembre encore, la commission française se plaignit à lui de n'avoir pas reçu, par son intermédiaire, communication officielle « des démarcations des rayons que les diverses armées alliées doivent occuper [2] ». Et cependant cette répartition du territoire français entre les diverses troupes d'occupation datait de la fin de juillet !

La commission française fut ainsi réduite à l'impuissance. Elle dut se borner à veiller aux « intérêts des départements envahis » et à recueillir les innombrables plaintes des habitants pour les transmettre au cabinet français. Elle dura pourtant jusqu'au 1er février 1816, ayant, dit l'ordonnance royale, « rempli ses fonctions avec un zèle et un discernement conforme à notre attente [3] ». Appréciation juste sans doute ; mais, entre le rôle qui lui était au début destiné et celui qu'elle a réellement joué, il existe une énorme différence. Elle devait discuter toutes les questions de concert avec le conseil administratif ; elle se heurta à l'hostilité des ministres alliés qui, guidés par l'intérêt de leurs pays seuls et désireux d'affaiblir la France le plus possible, l'empêchèrent d'accomplir ses fonctions de contrôle et d'organisation.

1. A. E., note à la commission, 24 août.

2. A. E., *Mémoires et documents, fonds France*, T. 690, f° 224, ou T. 691 f° 402, 15 septembre 1815.

3. A. E., *Mémoires et documents, fonds France*, T. 700, f° 83, Ordonnance du 10 janvier 1816.

## CHAPITRE IV

### LA NOTE DU 24 JUILLET ET L'EXTENSION DE L'OCCUPATION

La capitulation de Paris du 3 juillet paraissait devoir terminer la guerre, non seulement parce que les alliés devenaient les maîtres de la capitale, mais encore parce que l'armée française, la seule force constituée qui subsistât, devait se retirer au sud de la Loire pour y être ensuite désarmée. Il n'en fut pas ainsi pour des raisons faciles à discerner : les Alliés ne voulurent pas laisser Anglais et Prussiens occuper seuls la France, et tous eurent la volonté bien arrêtée de prendre les gages les plus étendus. Aussi, pendant plusieurs mois, du Rhin et des Alpes refluèrent vers l'Ouest des masses d'hommes appartenant à diverses nations [1].

Cette ruée dura longtemps, puisque, encore le 11 octobre, des soldats brunswickois franchissaient la frontière. Ce qu'il convient surtout de signaler, c'est qu'elle s'effectua sans aucun ordre, sans méthode, tous se hâtant précipitamment vers la capitale. Il en résulta une confusion fâcheuse pour le pays : en particulier, les départements du Nord-Est furent occupés ou traversés par des contingents divers, dont les uns ne faisaient que passer, dont les autres s'installaient à demeure. On vit ainsi, dans l'Aisne, Bavarois, Prussiens, Russes, Mecklembourgeois ; dans les Ardennes, Prussiens, Russes, Hessois et Saxons ; dans la Marne, Russes, Bavarois et Hessois ; dans la Haute-Marne, outre ceux-ci, Autrichiens et Wurtembergeois ; dans l'Oise, Prussiens, Anglais et Russes ; dans le Haut-Rhin,

1. Houssaye, *op. cit.*, p. 485-489 ; — Robin, *Occupations militaires en dehors des occupations de guerre*, p. 142, note 1.

Autrichiens, Saxons et Wurtembergeois ; dans la Seine-et-Marne, des représentants de tous les alliés ; etc... [1]

De plus, cette occupation fut dirigée par les chefs militaires et leurs intendants, qui agirent en toute indépendance et ne tinrent aucun compte des agents de l'administration française. Ils laissaient leurs troupes mettre le pays au pillage et maltraiter les habitants : eux-mêmes, arbitrairement, levaient des réquisitions en nature et en argent sans vouloir se soumettre à un contrôle financier quelconque. Si Wellington tint à ce que les commissaires attachés à son armée délivrassent régulièrement des certificats constatant les livraisons de vivres et de fourrages fournies par les habitants, il fut, on peut le dire, le seul à faire preuve de cette modération [2]. Son collègue Schwarzenberg prenait bien le soin de fixer, dès son entrée en France, le tarif par étape de la nourriture des officiers de son armée ; mais ce tarif, quelqu'élevé qu'il fût, ne fut nullement respecté [3]. Quant aux Prussiens, il suffit de consulter le tableau des contributions demandées par l'intendant général Ribbentrop pour voir combien leurs exigences furent énormes et hors de proportion avec les ressources des habitants [4] ; et encore, Talleyrand déclare-t-il que ce document est inexact et ne correspond pas à la réalité [5].

Aussi les plaintes sont-elles innombrables [6] et surtout les populations demandent elles qu'une organisation intervienne, que des règlements soient faits à propos de la nourriture, des

1. Voir par ex. : A.E., C.R., Aisne, Allier, Ardennes, Marne, Haute Marne, Meurthe, Meuse, Moselle, Nièvre, Oise, Bas Rhin, Haut Rhin, Saône et Loire, Seine et Marne, Seine et Oise, Vosges, Yonne ; — A. G., Bulletin de la Correspondance ministérielle, 24 août 1815 ; — A. N., F5 II, Oise 21 ; F7, 3734 ; — A.E., *Mémoires et documents, fonds France*, T. 690, f° 120-121, ou T. 691, f° 271 ; — *Moniteur Universel*, 16 juillet 1815, n° 197, p. 806 ; — Boëll, *Un chapitre de l'histoire d'Autun*, p. 42 ; — etc...

2. Wellington, *op. cit.*, T. 12, p. 557. Lettre au comte Bathurst, 13 juillet 1815.

3. A.E., C.R., Allier ; ordre du jour du 5 juillet 1815. D'après ce tarif, un général a droit à 12 couverts, à 6 plats pour le dîner, à 3 pour le souper et à une bouteille de vin pour chaque couvert.

4. A.E., *Mémoires et documents, fonds France*, T. 690, f° 48, ou T. 691, f° 161. Tableau daté du 24 juillet.

5. A.E., *Mémoires et documents, fonds France*, T. 690, f° 54, 28 juillet 1815.

6. Voir les chapitres suivants où seront étudiés les rapports des alliés avec l'administration, les habitants et les biens.

réquisitions, de la compétence des chefs militaires, de la fixation des cantonnements respectifs des diverses armées, etc...[1]. Ces plaintes préoccupèrent à la fois quelques-uns des alliés et la Commission française. Dans une note adressée à ses collègues, Capo d'Istria en effet reconnait lui-même, sous une forme enveloppée, mais précise, que « des divergences momentanées, provoquées par l'ascendant du pouvoir militaire, font croire que quelques-unes des armées alliées se considèrent en pays ennemi. Le silence des cabinets glace les esprits, autorise toutes les méfiances, alarme une nation ivre d'orgueil et d'amour-propre et capable encore d'une grande énergie, double ses souffrances, peut exciter en elle le désespoir. »[2] Il recommande donc aux autres ministres des puissances de s'entendre immédiatement avec le gouvernement français.

De son côté, la Commission française, « accablée de réclamations et de plaintes », intervint auprès des représentants étrangers pour organiser l'occupation et mettre fin au désordre qui se manifestait partout. Communiquant à Talleyrand cet entretien, elle pensait que l'effort devait se porter sur les trois points suivants : interdire « aux commandants isolés » toutes réquisitions sauf celles concernant « les vivres journaliers », fixation précise à chaque corps d'armée « d'un arrondissement qui fournira à sa subsistance », réintégration des fonctionnaires royaux « partout où ils ont été déplacés »[3]. Le lendemain, elle proposa au ministre de « provoquer l'adoption et la communication officielle » de ces mesures, ajoutant que les représentants des alliés étaient « convenus du principe » avec elle. « Mais, conclut-elle, tant qu'elle ne connaîtra pas officiellement le résultat de la convention annoncée, elle ne pourra opposer au mal que des palliatifs de peu d'avantages, des con-

1. Voir par ex. Rigault, *op. cit.*, p. 39 ; la ville de Fontainebleau au ministre de la guerre, 10 juillet 1815 ; — A.E., C R., Ministre de la guerre à Commission des réquisitions, 18 juillet 1815.

2. Angeberg, p. 1475. — Voir aussi au chapitre précédent l'opinion de Wellington.

3. A.E., *Mémoires et documents, fonds France*, T. 691, f° 94-95 ; note à Talleyrand, 15 juillet 1815.

seils sans force et des efforts sans efficacité et sans durée [1]. »

Quelques jours après, elle obtint cette convention, qu'elle réclamait. A la suite des négociations engagées avec le ministre des finances, le baron Louis, les représentants des puissances rédigèrent la note du 24 juillet « dans le but de régulariser la marche de l'administration dans les pays occupés par les armées alliées. »

Constatant les inconvénients qui résultent de l'absence de tout cantonnement, ils décident d'établir une ligne de démarcation entre les départements qui seront réservés à leurs troupes et ceux qui seront attribués à l'armée française (art. 1). Les départements à occuper seront groupés de façon à former des « rayons » distincts et, dans chacun de ces derniers, ne seront installées que des troupes de la même nation (art. 2) Toutefois, malgré la différence des rayons, toutes les affaires relatives à l'administration et à l'entretien des armées seront réglées d'après un système uniforme (art. 3). Les agents royaux, préfets et sous-préfets, seront immédiatement réintégrés dans leurs fonctions : ils les exerceront librement; mais, pour tout ce qui concerne le service des armées d'occupation, ils seront subordonnés aux gouverneurs militaires nommés par les alliés dans les départements (art. 4 et 5). On renvoie à plus tard de fixer d'une façon plus précise tout ce qui a trait à l'entretien des armées étrangères (art. 6). Une commission administrative, qui sera créée, est chargée de se mettre en rapports avec la commission française [2]. Des ordres étaient donnés pour suspendre la « rentrée des contributions » imposées jusqu'alors et pour défendre aux généraux et intendants de prélever désormais des sommes de leur propre autorité (art. 8) [3].

1. A.E., C.R., Séance du 16 juillet, ou, *Mémoires et documents, fonds France*, T. 691, f° 96-97.

Une note remise au ministre des Finances le 18 juillet 1815 fait un tableau de la France à ce moment et expose avec netteté les remèdes indispensables. Elle se trouve aux A.E., C.R., correspondance de l'administration des forêts avec le ministère des Finances. A cause de son importance nous la publions en appendice.

2. Voir le chapitre précédent.

3. A.E., *Mémoires et documents, fonds France*, T. 690, f° 41, ou T. 691, f° 149. —

Ainsi, selon les vœux de la commission et du gouvernement français, la note du 24 juillet parut destinée à régulariser l'occupation étrangère. Elle indiquait des solutions raisonnables aux points de vue administratif, militaire et financier. Elle constituait un progrès indéniable sur ce qui existait avant. Le chancelier Pasquier, qui analyse cette note, insiste surtout sur le fait que les contributions ne seraient plus irrégulièrement levées : « La charge demeurait encore bien lourde, dit-il justement, mais du moins elle ne serait plus aggravée par les exactions et les vexations sans nombre que s'étaient jusqu'alors permises les chefs et les intendants militaires des armées étrangères. Cela seul était un grand soulagement » [1]. Talleyrand, qui fait comme son collègue, se montre, lui, un peu plus pessimiste : toutes les difficultés, d'après lui, auraient été bientôt terminées « si les souverains avaient été les loyaux alliés du roi de France. Mais... les cabinets alliés étaient embarrassés de produire leurs demandes parce qu'ils ne savaient quel nom donner à ce qu'ils voulaient. Ils n'employèrent d'abord que le nom de garanties : ils voulaient des garanties en général, sans dire lesquelles » [2]. Les faits allaient bientôt lui donner raison.

Tout d'abord, en effet, les Alliés, dans l'accord réalisé avec le gouvernement français, virent surtout un moyen d'étendre amplement le territoire sur lequel leurs troupes devaient vivre. Les deux premiers articles de la note indiquent leurs préoccupations essentielles. Leurs troupes trop nombreuses, réparties sur un pays restreint, étaient menacées de ne pouvoir subsister qu'avec difficulté ; mêlées les unes aux autres, elles étaient exposées à des conflits causés, soit par l'antipathie naturelle, soit par l'intérêt bien entendu. Au contraire,

Cette note est aussi imprimée dans le *Moniteur Universel*, 27 juillet 1815, n° 208, p. 847, — A.E., C.R., Haut Rhin, — Angeberg, p. 1467. — Cf. de Viel-Castel, *op. cit.*, T. 3, p. 495-496.

1. Pasquier, *op. cit.*, T. 3, p. 373.
2. Talleyrand, *op. cit.*, T. 3, p. 260.

en gagnant du terrain qui n'avait pas encore été « exploité », les Alliés acquéraient un double avantage, faciliter le ravitaillement et maintenir plus aisément la discipline dans chaque rayon particulier.

Aussi, de tous les réglements qu'ils venaient d'édicter, s'efforcèrent-ils de réaliser immédiatement celui qui, étant à leur avantage exclusif, devait, par cela même, contribuer à l'affaiblissement de la France. Avant d'examiner si les stipulations financières et administratives de la note du 24 juillet ont été réellement mises en pratique, il convient donc de voir et de préciser quelle partie de la France eut à subir l'invasion étrangère, désormais étendue démesurément.

Les troupes, qui pénétrèrent en France avec Wellington et Blücher, après la bataille de Waterloo, ne montaient qu'à 150.000 hommes environ. Lorsque tous les contingents alliés furent arrivés et installés, ce chiffre s'éleva à plus d'un million. Dans la séance tenue le 7 septembre 1815 par les ministres des quatre cours, Wellington remit un premier tableau des effectifs [1] :

| | |
|---|---|
| Autrichiens . . . . . . . . . . . . . | 320.000 |
| Prusse et alliés à son armée. . . . . | 310.000 |
| Anglais et alliés à l'armée du Nord . | 128.000 |
| Russes. . . . . . . . . . . . . . . | 250.000 |
| Bavarois . . . . . . . . . . . . . . | 60.000 |
| Wurtembergeois. . . . . . . . . . | 20.000 |
| Badois . . . . . . . . . . . . . . | 16.000 |
| Hesse-Darmstadt. . . . . . . . . . | 8.000 |
| Piémontais . . . . . . . . . . . . | 15.000 |
| Saxons . . . . . . . . . . . . . . | 8.000 |

Au total : . . . 1.135.000 hommes.

1. Gagern, *op. cit.*, T. 5, p. 243, ou Angeberg, p. 1509-1510 ; — cf. Vaulabelle, *Histoire des deux Restaurations*, T. 3, p. 362, note 1 ; — de Viel-Castel, *op. cit.*, T. 3, p. 493 ; — Crétineau-Joly, *op. cit.*, p. 72-74.

Ce chiffre, adopté pour tous les historiens, n'est pas toutefois complètement exact. Wellington n'avait donné qu'un tableau provisoire et incomplet [1], il ne comprend pas, en effet, les troupes du Danemark, de la Suisse et de l'Espagne; de plus la Saxe réclama contre l'effectif, que le général anglais lui avait attribué, comme étant beaucoup trop faible [2]; enfin, il est utile de connaître quels sont les « Alliés » aux troupes de Prusse et d'Angleterre. En réunissant les renseignements fournis par des documents épars, il a été possible de dresser le tableau suivant, plus complet et serrant de plus près la réalité [3] :

| | | | | | |
|---|---|---|---|---|---|
| | Prusse | 281.270 | | Bade | 16.000 |
| Prusse et alliés à son armée | Anhalt | 1.600 | | Bavière | 60.000 |
| | Francfort | 750 | | Hesse-Darmstadt | 8.000 |
| | Hesse-Cassel | 12.000 | | Saxe | 16.000 |
| | Hohenzollern-Hechingen | 194 | | Würtemberg | 20.000 |
| | Hohenzollern-Sigmaringen | 386 | | Autriche | 320.000 |
| | Lichtenstein | 100 | | Sardaigne | 15.000 |
| | Lippe | 1.300 | Angleterre et armée du Nord | Angleterre | 57.400 |
| | Mecklembourg-Schwerin | 3.000 | | Brunswick | 3.000 |
| | Mecklembourg-Strélitz | 800 | | Danemark | 15.000 |
| | Reuss | 900 | | Hanovre | 10.000 |
| | Saxe-Cobourg | 800 | | Nassau | 3.000 |
| | Saxe-Gotha | 2.200 | | Oldenbourg | 1.600 |
| | Saxe-Hildburghausen | 400 | | Pays-Bas | 50.000 |
| | Saxe-Meiningen | 600 | | Villes hanséatiques | 3.000 |
| | Saxe-Weimar | 1.600 | | Russie | 250.000 |
| | Schwarzbourg | 1.300 | | Espagne | 43.000 |
| | Waldeck | 800 | | Suisse [4] | 25.000 |

1. Gagern, *op. cit.*, T. 5, p. 273; — Angeberg, p. 1516-1517, Demande d'éclaircissements du baron Louis.

2. Gagern, *op. cit.*, T. 5, p. 273; — Angeberg, p. 1514.

3. Ce tableau a été dressé d'après les documents suivants : — Angeberg, p. 1097, 1124 et 1587; — *Moniteur Universel*, 13 et 21 juillet, 10 et 17 août 1815, nos 194, 202, 222, 229, p. 794, 818, 889 et 913; — A.E., *Mémoires et documents, fonds France*, T. 691, f° 120; — A.E., C.R, Correspondance avec le ministre des Affaires étrangères, tableau des troupes auxiliaires à fournir; — A.N., F5 II, Doubs 24; — A.N., F7 3147 et 3148, 19 juillet et 7 août 1815; — A.N. F7 8970, 19 juillet 1815; — A.G., 2e Restauration, correspondance militaire générale, rapport du 21 août 1815; — A.G., id., lettre du lieutenant général comte de Grammont, 5 septembre 1815.

4. Les Suisses furent d'abord 25.000 : remplacés progressivement par les Au-

Au total, environ 1.226.000 hommes occupèrent des parties du territoire français, soit pendant quelques jours, soit pendant plusieurs mois. En présence d'une si grande quantité d'hommes, « il fallait mettre un peu d'ordre à l'invasion et, selon l'expression caractéristique de M. Pertz, *organiser méthodiquement l'exploitation du pays* (*II. 253*) » [1]. Mais, si le ministère français s'était préoccupé dès le 12 juillet 1815 d'établir une ligne de démarcation entre les troupes françaises et étrangères [2], ce fut seulement après la note du 24 juillet que les Alliés résolurent définitivement la question. La France fut donc divisée en deux parties, séparées par les cours de la Loire, de l'Allier, de l'Ardèche et du Rhône. La partie située au sud et à l'ouest de cette ligne était « entièrement abandonnée au Roi ». Tout le reste du pays était réservé aux alliés. Dans ce territoire occupé, seraient établies « quatre grandes subdivisions pour chacune des principales armées, savoir : russe, autrichienne, anglaise et prussienne » [3].

Quelques jours après, cependant, les Alliés tentaient de modifier à leur avantage leur résolution. Dans une note adressée à Talleyrand le 28 juillet, ils se déclarent « convaincus de la nécessité d'étendre les rayons que l'on s'était proposé d'assigner à l'armée alliée du Haut-Rhin et à celle d'Italie [4], attendu que les départements qui forment ce rayon sont trop peu productifs en blés pour fournir à la subsistance d'armées nombreuses ». Ils invoquent aussi l'utilité de ne pas partager certains départements. En conséquence, ils demandent de comprendre dans la ligne de démarcation le Gard, la Lozère,

trichiens, ils restèrent en définitive 5.000. — On ne peut pas tenir compte du Portugal quoique, par son traité du 8 avril 1815, il s'engageât à fournir 30.000 hommes : cet état n'a pris aucune part effective à l'invasion : Angeberg, p. 1047.

1. Sorel, *op. cit.*, p. 75.

2. A.E., C.R., Ministre de la Guerre à Commission, 12 juillet 1815.

3. A.E., C.R., Seine et Marne. Extrait d'un ordre de Sa Majesté l'Empereur de toutes les Russies à Son Excellence le maréchal comte Barclay de Tolly ; — cf. Gagern, *op. cit.*, T. 5, p. 135-137, ou Angeberg, p. 1465-1466, protocoles des 13 et 23 juillet 1815.

4. Les deux armées du Haut Rhin et d'Italie sont les deux armées autrichiennes.

le Cantal et les parties du Puy-de-Dôme et de l'Allier, « que l'on avait cru pouvoir réserver à l'armée française » [1].

A cette note, Talleyrand riposta le 9 août 1815 en invoquant la « stérilité, qui est reconnue par Leurs Excellences elles-mêmes », des départements demandés, et les inconvénients très graves qui résulteraient pour le gouvernement du Roi « par les embarras déjà si nombreux qu'éprouve la marche de l'administration et qui par là se trouveraient encore singulièrement augmentés ». Il prie donc les ministres alliés de procéder à un nouvel examen de la question. En tête du document, se trouve la mention : *Point de réponse* [2]. Les Alliés ne devaient en effet tenir compte qu'imparfaitement des observations du ministre français.

La partie du territoire, destinée à l'occupation étangère, fut donc divisée en quatre secteurs correspondant aux quatre principales armées. D'étendue très inégale, ils furent tracés en tenant compte généralement des conditions géographiques, notamment de l'hydrographie.

Le secteur anglais fut délimité par la mer, la frontière du royaume des Pays-Bas, la Sambre supérieure et l'Oise jusqu'à son confluent avec la Seine, et le cours de celle-ci jusqu'à son embouchure. Dès le 31 juillet, des détachements se dirigèrent sur la Seine-Inférieure, occupèrent Rouen le 2 août et Neufchâtel le 3 ; puis d'autres marchèrent vers la Somme et le Pas-de-Calais [3]. Plus au Nord, s'installèrent les Belges et les Hollandais, dans la région de Péronne, Cambrai et Lille [4]. Avec eux furent placés, le 1er août, les contingents des villes hanséatiques, dans le pays entre Péronne et Roye [5]. Enfin

1. A.E., *Mémoires et documents, fonds France*, T. 690, f° 61-62, ou T. 691, f° 179 ; — Gagern, *op. cit.*, T. 5, p. 139 et 144, ou Angeberg, p. 1469-1470, protocoles des 27 et 28 juillet 1815.

2. A.E., *Mémoires et documents, fonds France*, T. 691, f° 281.

3. A.E., C.R., Seine Inférieure, Somme et Pas de Calais; — A.N., F7 3148, 10 août 1815 ; — *Moniteur Universel*, 4, 7 et 16 août 1815, nos 216, 219 et 228, p. 870, 880 et 911.

4. A.G., 2e Restauration, correspondance militaire générale, rapport du général Bourmont, 18 septembre 1815 ; — *Moniteur Universel*, 16 août 1815, n° 228, p. 911.

5. *Moniteur Universel*, 21 et 27 juillet, 1er et 29 août 1815, nos 202, 208, 213

les Danois, qui se préparaient depuis le 13 juillet, eurent à peine le temps de parvenir aux frontières de France et restèrent provisoirement sur les bords de l'Escaut [1].

Le secteur prussien se divisa en deux parties, séparées par la région de Paris. La première, la plus étroite, fut limitée par l'Oise et la Sambre, la frontière du royaume des Pays-Bas et du Luxembourg; puis, une ligne conventionnelle coupa de l'Est à l'Ouest les départements de la Moselle, de la Meuse et de la Marne, rejoignit cette rivière à Meaux et la descendit jusqu'à son confluent avec la Seine : c'étaient, à peu près, les pays que les Prussiens avaient occupés après la bataille de Waterloo. Leur zône d'extension comprit l'Ouest de la France, entre la Basse Seine, la Manche et la Loire. De la fin de juillet au début de septembre, ils dirigèrent plusieurs corps d'armée dans ces régions. Les troupes du 1er corps furent réparties dans l'Eure, le Calvados et le sud du département de la Manche, tandis qu'au nord la cavalerie s'étendait dans le Cotentin et jusqu'aux faubourgs de Cherbourg. Le 3e corps eut pour cantonnements les départements d'Indre et Loire, Maine et Loire, Mayenne, Sarthe et Orne, et le 4e ceux d'Ille et Vilaine, Côtes du Nord, Morbihan et Loire Inférieure. Ils ne dépassèrent pas Nantes, La Roche Bernard, Ploermel et Dinan, et ne poussèrent pas jusqu'à l'Atlantique, soit pour éviter un combat avec l'armée royale de l'Ouest [2], soit parce que la signature des préliminaires de paix arrêta leur mouvement en avant. Quant aux régions plus rapprochées de Paris, (Loir et Cher, Eure et Loir, Loiret, Seine et Oise), elles avaient été occupées par d'autres corps avant la note du 24 juillet [3].

et 241, p. 818, 845, 861, 957. Ce journal fournit des renseignements précis sur la marche des contingents hanséatiques qui, d'après lui, « sont d'une fort belle tenue militaire ». On sait que les appréciations du Moniteur sont sujettes à caution.

1. *Moniteur Universel*, 13 et 21 juillet, 10 et 17 août 1815, nos 194, 202, 222, 229, p. 794, 818, 889, 913 : d'après ce journal, le contingent danois est, lui aussi, composé « de troupes d'élite » ; voir note précédente.

2. Ce sont les troupes qui n'avaient pas voulu reconnaître Napoléon et qui, depuis son retour, étaient sous les armes: 6.000 hommes environ.

3. Pour les dates de ces occupations successives, voir A.E., C.R., papiers divers et cartons des départements cités; — A.E., *Mémoires et documents, fonds*

Le secteur russe fut le plus petit de tous. Il n'eut de limites naturelles qu'à l'Ouest, avec le cours de la Seine, et à l'Est, avec les Vosges ; au Nord et au Sud, il fut séparé des Prussiens et des Autrichiens par des lignes conventionnelles. Il comprit, en totalité ou en partie, les départements de Seine et Marne, Marne, Aisne, Aube, Haute Marne, Meurthe, Meuse, Moselle et Vosges. Les Russes occupèrent ces régions à mesure que leurs alliés allemands et autrichiens les quittaient pour aller rejoindre les cantonnements qui leur avaient été assignés [1].

Le secteur autrichien fut le plus vaste de tous. Depuis le Rhin, le Jura et les Alpes, il s'étendit jusqu'à la Loire et à l'Allier, et, plus au sud, dépassa l'Ardèche et le Rhône [2]. Les Autrichiens divisèrent leurs troupes en deux armées. La première, celle du Haut Rhin, occupa dans le cours des mois de juillet et août tous les pays situés entre le Jura, le Rhône jusqu'à Lyon, l'Allier et la Loire, et le secteur russe [3]. La seconde, armée d'Italie, se plaça au sud de la précédente jusqu'à la Méditerranée; elle était composée d'Autrichiens et de Piémontais : ceux-ci furent établis principalement dans les départements alpestres, tandis que les premiers prenaient leurs cantonnements dans les plaines et sur les bords de la mer. Ce fut seulement dans le cours du mois d'août que cette prise de possession eut lieu [4].

*France*, T. 707; — A.N., F5 II, Mayenne 15, 24 avril 1818, préfet à ministre de l'Intérieur, — F7 3148, Manche, — F7 3735, bulletins des 7, 14 et 18 août 1815 ; — *Moniteur Universel*, 2, 7, 9, 14 et 23 août, 17, 18 et 19 septembre 1815, n°s 214, 219, 221, 226, 235, 260, 261 et 262, p. 864, 880, 887, 904, 935, 1025, 1031, 1034; — Libaudière, *Histoire de Nantes sous la Restauration*, p. 57.

1. Il y a quelques divergences dans les documents relatifs aux cantonnements russes. Voir A.E., C.R., papiers divers ; — A.E., *Mémoires et documents, fonds France*, T. 693, f° 73-74 et T. 708.

2. A.E., C.R., papiers divers.

3. A.E., C.R., Côte d'Or, Allier, Loire, Haute Loire, Puy de Dôme, Haute Saône, etc. ; — A.E., *Mémoires et documents, fonds France*, T. 703, f° 152; — A.G., 2e Restauration, correspondance militaire générale, lettre du 18 juillet 1815 ; — A.N., F7 3734 et 3735, bulletins du 14 juillet et du 14 septembre 1815 ; F7 8970, lettre du préfet de l'Ain, 10 juillet 1815 ; — *Moniteur Universel*, 24 juillet et 10 août 1815, n°s 205 et 222, p. 837 et 889 ; — Gaffarel, *Dijon en 1814 et en 1815*, p. 252.

4. A.E., C.R., pièces diverses relatives aux armées, lettre de Colomb, député

A la fin de ce mois, les Autrichiens, pour étendre leur zône d'occupation, passèrent le Rhône, pénétrèrent dans le Gard et arrivèrent le 23 à Nîmes. Un de leurs détachements poussa même plus loin, jusqu'à Lunel, dans le département de l'Hérault [1]. Les Autrichiens invoquèrent différents prétextes, plus ou moins plausibles, par ex. : protéger les départements français du sud contre l'avance espagnole, soutenir dans le Gard les troupes royales contre les insurgés bonapartistes, « diminuer les charges considérables qui pèsent déjà sur la Provence par le nombre des troupes qui viennent d'y entrer » [2]. Cette occupation additionnelle souleva naturellement les protestations de Talleyrand, qui s'y était opposé le mois précédent. Le préfet du Gard ayant élevé des objections contre la violation de la note du 24 juillet, le ministre déclara à Metternich que « jamais pays ne fut ni plus soumis, ni plus tranquille » et que, par suite, l'avance autrichienne ne se justifiait pas. Ce fut seulement le 12 septembre, lorsque les conditions des préliminaires de la paix eurent été établies, que l'évacuation commença [3].

Cet incident n'était pas encore terminé qu'un autre se produisit à propos de l'Ardèche et de la Lozère. Le 26 août, des troupes autrichiennes envahirent le premier de ces départements, et le 8 septembre le second. Saisi des réclamations de

des Hautes Alpes ; — id., Basses Alpes, Hautes Alpes, Bouches du Rhône, Drôme, Isère, Mont Blanc, Var et Vaucluse ; — A.E., *Mémoires et documents, fonds France*, T. 705, f° 335 ; — A.N. F5 II, Hautes Alpes 18 ; — *Moniteur Universel*, 21 juillet et 22 août, nᵒˢ 202, 234, p. 829 et 931 ; — Dans les Bouches du Rhône, à Marseille, se trouvent aussi des Anglais et des Siciliens.

1. A.G., 2e Restauration, correspondance militaire générale, préfet de l'Hérault au ministre de la guerre, 24 et 30 août 1815 ; — lieutenant-général Briche et lieutenant-général Ricard au même, 31 août et 1er septembre 1815.

2. A.E., *Mémoires et documents, fonds France*, T. 703, f° 51 ; T. 690, fᵒˢ 191-196, ou T. 691, fᵒˢ 345-346 et 359, correspondance du général autrichien Frimont et du général français Vaugier ; — A.N., F7 3786, bulletin de police du 30 août 1815 ; — Gagern, *op. cit.*, T. 5, p. 221, ou Angeberg, p. 1503, protocole du 24 août.

3. A.E., C.R., Gard ; — A.E., *Mémoires et documents, fonds France*, T. 691, f° 350, préfet du Gard à l'intendant autrichien, 20 août 1815, — T. 693, f° 76, Talleyrand à Metternich, 2 septembre 1815, — T. 703, fᵒˢ 41, 51 à 54, lettres relatives à l'incident ; — A.N., F5 II, Gard 21, session du Conseil Général de 1816 ; — *Moniteur Universel*, 2 septembre 1815, n° 245, p. 973.

la Commission des réquisitions, Baldacci, qui représentait l'Autriche au Conseil administratif, répondit que cette occupation avait eu lieu à la « demande des autorités françaises et dans la vue d'y protéger la tranquillité publique compromise par les menées de quelques factieux » et il s'excusa simplement sur l'inexactitude des rapports qui lui avaient été envoyés [1].

Outre les Piémontais, des corps d'autres nations furent établis dans la zône autrichienne. Ainsi, on trouve des Badois dans le Bas Rhin, des Saxons dans le Bas et le Haut Rhin, des Wurtembergeois et des Hessois depuis Nevers et Moulins jusqu'à Charolles dans la Saône et Loire. Des Bavarois sont installés depuis le Loiret jusqu'à la Seine et Marne et à l'Yonne, séparant Prussiens et Autrichiens [2]. Les Suisses furent, eux, cantonnés dans la région du Jura en vertu du traité conclu avec les alliés le 20 mai 1815 (art. 2) [3]. Ils occupèrent les régions de Gex et de Pontarlier dès le milieu du mois de juillet [4].

Enfin l'Espagne, qui, pour des raisons de dignité, avait refusé d'accéder au traité du 25 mars [5], n'hésita pas, pour équiper convenablement ses troupes et surtout pour toucher les sommes promises par les Anglais avant la bataille de Waterloo [6], à masser deux armées, l'une en Catalogne, l'au-

1. A.E., C.R., Baldacci à Commission, 2 octobre 1815; — A.E., *Mémoires et documents, fonds France*, T. 691, f° 308, ou T. 703, f° 59, préfet à Talleyrand, 12 septembre 1815 ; — A.N., F5 II, Ardèche 20, 21 octobre 1815, — F7 3735, bulletin du 27 septembre 1815 ; — *Moniteur Universel*, 2 octobre 1815, n° 275, p. 1084.

Le bruit courut même que les Autrichiens allaient envahir le Tarn, et le ministre de l'Intérieur par intérim, Pasquier, demanda des renseignements à son collègue de la Guerre, Gouvion Saint Cyr : A.G., 2e Restauration, correspondance militaire générale, 7 septembre 1815. — L'information était fausse.

2. A.E., C.R., Allier; — A.N., F7 3735, bulletin du 22 août 1815 ; — *Moniteur Universel*, 10, 12 et 26 août 1815, nos 222, 224 et 238, p. 889, 896 et 947.

3. Angeberg, p. 1207.

4. A.E., C R., Doubs et Jura ; — A.E., *Mémoires et documents, fonds France*, T. 691, f° 120, 18 juillet 1815 ; — A.N., F5 II, Doubs 24, préfet à ministre de l'Intérieur, 24 janvier 1817, — F7 3147, 3148 et 8970, lettres du préfet de l'Ain, 19 juillet et 7 août 1815 ; — Gallot, *Journal d'un officier genevois*.

5. L'Espagne ne voulait donner son adhésion qu'à condition d'être traitée comme puissance principale : voir dans Angeberg la protestation de l'ambassadeur espagnol, 30 mars 1815, p. 991.

6. Les Anglais refusèrent de verser le million de livres sterling promis

tre en Navarre. Malgré les injonctions des ministres des quatre cours, la première, le 23 août, franchit la frontière, arriva à Céret et s'avança « à une distance de 8 à 10.000 toises de Perpignan ». Après des conférences entre son chef, Castaños, et le duc d'Angoulême, elle rentra en Catalogne [1]. A l'ouest, O'Donnel, comte de l'Abisbal, agit de même : après avoir effectué quelques reconnaissances au début du mois de juillet, il se résolut à l'offensive à la fin du mois d'août et s'avança jusque « sous les murs de Bayonne ». A la suite de négociations. il repassa la Bidassoa dans les premiers jours du mois de septembre [2].

En étudiant la répartition des troupes alliées sur le territoire français, il semble, de prime abord, qu'elle a été effectuée suivant un plan logique, de manière à ne pas écraser quelques départements seulement, mais à rendre les charges moins lourdes en les fractionnant. Toutefois, il convient de ne pas oublier que, à Paris et dans sa banlieue, ont été maintenues à demeure, et jusqu'à la fin, des troupes très nombreuses appartenant aux quatre grandes puissances. D'autre part, les liaisons entre le secteur prussien et le secteur russe, entre celui-ci et le secteur autrichien, ont été loin de s'effectuer aisément ; elles ont donné lieu à un enchevêtrement de troupes parfois extraordinaire, par ex. dans la Seine et Marne, ou à des empiètements fâcheux pour les populations, par ex. dans la Meuse et les Vosges. Si l'on voulait étudier dans le plus

puisque les Espagnols ne s'étaient pas déclarés dès le début contre la France : A.G., 2e Restauration, correspondance militaire générale, lettre du lieutenant-général comte de Grammont, 5 septembre 1815.

1. Gagern, *op. cit.*, T. 5, p. 221, ou Angeberg, p. 1503, protocole du 24 août 1815 ; — A.G., 2e Restauration, correspondance militaire générale, rapport du 21 août 1815, lettres du lieutenant-général de Briche et du colonel Prudhomme, 28 août 1815 ; — A.N., F7 3148, lettre du préfet, 21 août 1815, surtout 3734 et 3735 passim, et 3786, bulletins de police du 30 août, 1, 4, 7 et 8 septembre 1815 ; — *Moniteur Universel*, 2 septembre 1815, n° 245, p. 974.

2. A.G., 2e Restauration, correspondance militaire générale, correspondance de Grammont, Chauvigny, Viomesnil et L'Abisbal, début de septembre 1815 ; — A.N., F1b II, Basses Pyrénées 4, lettres du préfet et de Viomesnil, 4 et 7 septembre 1815, — F7 3786, bulletin du 4 septembre 1815 ; — *Moniteur Universel*, 12 et 17 juillet, 8 et 13 septembre 1815, nos 193, 198, 252 et 256, p. 789, 790, 810, 994 et 1012.

grand détail cette répartition, on trouverait aisément d'autres exemples caractéristiques et l'on serait amené à constater que la fixation de zônes d'occupation n'a pas apporté un changement appréciable dans la situation des habitants.

*
**

Ainsi, la France a été envahie par une foule de peuples, et, en vertu de la note du 24 juillet, une grande partie de son territoire a été occupée plus ou moins longuement. A ce sujet, les évaluations des historiens diffèrent et des interprétations inexactes ont été parfois données [1]. Il est cependant possible de déterminer avec une exactitude à peu près complète l'étendue du territoire où furent cantonnées les troupes étrangères. En tenant compte des diverses modalités de cette occupation, prolongée ou provisoire, partielle ou totale, on peut classer les départements en deux catégories :

OCCUPATION PARTIELLE

| | | |
|---|---|---|
| Allier | Loiret | Manche |
| Côtes du Nord | Loir et Cher | Morbihan |
| Hérault | Loire Inférieure | Puy de Dôme |
| Indre et Loire | Lozère | Pyrénées (Basses) |
| Loire (Haute) | Maine et Loire | Pyrénées Orientales |

OCCUPATION TOTALE [2]

| | | |
|---|---|---|
| Ain | Isère | Rhin (Haut) |
| Aisne | Jura | Rhône |
| Alpes (Basses) | Loire | Saône (Haute) |
| Alpes (Hautes) | Marne | Saône et Loire |
| Ardèche | Marne (Haute) | Sarthe |
| Ardennes | Mayenne | Seine |
| Aube | Meurthe | Seine et Marne |

1. En particulier à propos du Finistère qui n'a pas été occupé : A.N., F5 II, Finistère 20, préfet au ministre, 3 décembre 1815.

2. Dans ce tableau, ne figurent pas les Alpes Maritimes qui ne faisaient pas partie, à cette époque, de la France ; le Mont Blanc a formé depuis la Savoie et la Haute Savoie. Voir la carte représentant l'occupation.

| | | |
|---|---|---|
| Bouches du Rhône | Meuse | Seine et Oise |
| Calvados | Mont Blanc | Seine Inférieure |
| Côte d'Or | Moselle | Somme |
| Doubs | Nièvre | Var |
| Drôme | Nord | Vaucluse |
| Eure | Oise | Vosges |
| Eure et Loir | Orne | Yonne |
| Gard | Pas de Calais | |
| Ille et Vilaine | Rhin (Bas) | |

Il est donc permis de dire, sans exagération, que la note du 24 juillet a livré aux troupes alliées environ 61 départements, c'est-à-dire les deux tiers de la France.

## CHAPITRE V

### LA NOTE ALLIÉE DU 6 AOUT ET L'ORDONNANCE ROYALE DU 16

La note du 24 juillet avait permis aux alliés de se saisir des gages territoriaux qu'ils désiraient. En échange, elle promettait la remise de l'administration aux fonctionnaires royaux, l'interdiction pour les chefs militaires de lever des contributions en argent et la suspension de celles « dont plusieurs villes et départements avaient été frappés ». C'était en somme la proposition, faite dès le 16 juillet par Wellington, qui avait été adoptée avec l'appui de la Russie [1].

Le tsar Alexandre Ier envoya donc un ordre dans ce sens au chef de ses troupes, Barclay de Tolly. Du côté français, confiante dans les promesses des puissances, la Commission des réquisitions s'appliqua à rechercher les moyens de remédier à la situation jusqu'alors si pénible des départements envahis : le chancelier Pasquier, lui aussi, indiquait des solutions au président de cette Commission, Corvetto [2].

Mais les troupes étrangères allaient-elles être rapidement « cantonnées », avec méthode, de façon à éviter les prétextes de désordre? Et surtout leurs chefs, généraux et intendants, qui, depuis leur entrée en France, s'étaient habitués à agir

1. Gagern, *op. cit.*, T.5, p. 135 ; — Angeberg, p. 1465.
2. Voir ch. III.

en toute indépendance, allaient-ils reconnaître les stipulations d'une note qui, somme toute, mettait fin à leurs procédés à la fois irréguliers et fructueux?

Les faits montrent que leur résistance fut acharnée et se prolongea jusqu'à la fin du mois. C'est l'intendant prussien qui, à propos de la note du 24 juillet, répond au préfet de Sedan « que la Gazette officielle, qui parlait de cet objet, n'était point officielle pour lui, qu'il ne connaissait que les ordres de son général en chef et qu'il ne consentait à rien qu'il ne les ait reçus »[1]. C'est le maire de Landrecies, qui se plaint au préfet du Nord que les réquisitions continuent et « se multiplient d'une manière tellement effrayante que les personnes les plus aisées se voient dans l'impossibilité d'acquitter leurs cotisations »[2]. De même, au préfet de la Nièvre, protestant contre les excès des troupes autrichiennes, le général répond « nettement, comme on l'a déjà fait dans plusieurs circonstances semblables, qu'on n'a point d'ordres, qu'on ne reconnaît ni cette note [du 24 juillet], ni même le gouvernement français »[3]. Le 20 août, Bourrienne, alors président du collège électoral de l'Yonne, adresse à Talleyrand une lettre où il dépeint les exactions qui continuent encore[4]. Le 25, dans le département du Mont Blanc, « la convention du 24 juillet est complètement méconnue par Monsieur le commissaire autrichien », et le préfet, baron Finot, refuse constamment « d'obtempérer à des réquisitions énormes d'objets que cette convention défend d'exiger »[5]. Le 19, celui du Bas Rhin rédige un arrêté pour la reprise de l'administration dans le dépar-

1. A. E., C. R., Ardennes, 29 juillet 1815; — cf. *Id.* pièces relatives aux armées, Ribbentrop à Commission, après le 15 août 1815; — A. G., 2e Restauration, correspondance militaire générale, lettre du lieutenant-général prussien de Röder, 20 août 1815.

2. A. E., C. R., Nord, 31 juillet 1815.

3. A. E., *Mémoires et documents fonds France*, T. 703, f° 19, 2 août 1815; — A. N., F7 3148, 1er août 1815.

4. Talleyrand, *op. cit.*, T. 3, p. 248, note 1.

5. A. N., F7 9130, lettre au ministre de la police. — Dans ce département, le commissaire autrichien Hartig écrivait encore le 2 septembre au préfet baron Finot: « Je ne connais point de baron Louis qui puisse donner des ordres qui pour moi soient dérogatoires à ceux que j'ai reçus des autorités supérieures de mon souverain » : A. E., C. R., Mont Blanc.

tement et le communique au prince de Hohenzollern, qui s'oppose à son exécution [1].

Dans cette résistance, les Bavarois paraissent avoir été les plus acharnés. La conversation, que le prince de Wrède eut le 4 août avec les députés de la ville de Joigny, est en effet significative. Comme ils se plaignaient à lui: « Nous ne nous entendons pas, répond-il; vous parlez beaucoup de la déclaration du [24] juillet. Elle est fausse, elle serait d'ailleurs fort mal interprétée. Vous êtes tout à fait dans l'erreur à son sujet, et voici ce que vous pouvez regarder comme constant... Nous ne sommes point vos ennemis, mais nous ne sommes pas tout à fait vos amis. Pour cela, il faut attendre des arrangements généraux, et jusque-là aussi nous avons droit d'user des droits de la guerre, nous sommes en pays conquis ». Le prince se déclare donc le maître des revenus ordinaires de l'état, des contributions foncières et autres, qu'il fera recouvrer « au profit de son gouvernement ». Quant aux fournitures journalières de vivres pour ses troupes et aux levées extraordinaires qu'il croira « devoir frapper en nature pour leur entretien », il promet d'en faire « une exacte répartition » et de se montrer juste et modéré à condition que les préfets et sous-préfets suivent ses ordres : sinon, il les destituera. Et les députés de Joigny, après avoir entendu « avec le plus grand étonnement » ces déclarations, prient la Commission des réquisitions de « demander à cet égard quelque explication aux ministres de Sa Majesté. Mais, ajoutent-ils, nous vous supplions de le faire avec des ménagements tels que le département de l'Yonne n'ait point à se repentir de cette communication officieuse » [2]. Le 16 août encore, au préfet de ce département, le gouverneur bavarois écrit sans ambages : « Comme vous paraissez vous fonder sur une note du 24 juillet dernier, publiée par les gazettes françaises, le gouvernement général doit vous déclarer que, non seulement il n'en a pas reçu communication officielle, mais encore qu'il n'y a pas remar-

1. A. N., F7 3148, lettre du préfet.
2. A. E., C. R., Yonne, députés de Joigny à la commission, 4 août 1815.

qué la conséquence que vous en tirez; car elle n'est au fond qu'un projet devant servir de base à des négociations qui n'étaient pas encore entamées le 3 de ce mois »[1].

Est-ce oubli des ministres alliés ou mauvaise volonté des chefs militaires et intendants? En tout cas, la situation continua à s'aggraver. Dans une note du 1er août, la Commission des réquisitions la résume avec la plus grande netteté. Elle considère que, depuis le 24 juillet, trois points principaux avaient été définitivement arrêtés : réintégration des fonctionnaires royaux, adoption de principes uniformes pour l'entretien des armées, plus de levées de contributions en argent. Or, l'espérance dans « un acheminement vers un état de choses plus régulier » ne s'est pas réalisée : car « les décisions concertées entre les quatre grandes puissances ou n'ont pas été exécutées ou ont été éludées ». Nulle part l'administration royale n'a été rétablie; si quelques agents ont pu reprendre leurs fonctions, c'est à condition d'être « les instruments des volontés des commandants militaires... Ils ne sont plus sous la direction du ministère ». La Commission proteste ensuite contre les agissements des intendants qui « continuent à exiger le versement dans les caisses de l'armée des recettes qui proviennent des contributions de toute espèce » : elle s'étonne de l'opinion émise par Hardenberg, d'après lequel « la prohibition de frapper des contributions en argent, insérée dans la note diplomatique du 24, ne met point obstacle à ce que les armées alliées s'emparent des revenus ordinaires de l'état », ce qui aboutit à une saisie générale des fonds publics par les alliés. De même, la promesse de ne pas lever de nouvelles contributions en argent n'a pas été tenue : « Bien au contraire, les intendants ne s'en sont montrés que plus exigeants et plus exagérés dans leurs réquisitions d'objets d'habillement, d'équipement, de remonte, etc... », et, comme les autorités locales ne pouvaient se les procurer, elles ont dû trouver les fonds nécessaires par le moyen d'impositions extraordinaires. Ainsi, contrairement aux intentions des grandes puissances, « les habi-

1. A. E., C. R., Yonne, 16 août 1815.

tants sont amenés à compenser avec de l'argent les demandes de fournitures qu'on leur fait ». Si cet état de choses continue, ce sera, sous un nom déguisé, une contribution en numéraire qu'on exigera ». Il y a peut-être profit dans ces transactions pour « les agents inférieurs de l'administration militaire » ; mais aucun adoucissement n'est apporté à la condition des habitants, « livrés à la discrétion des intendants » [1].

Aussitôt cette note de la commission reçue, Talleyrand l'adressa aux ministres alliés le 2 août et, après avoir cité d'autres exemples, il concluait à bon droit : « Enfin, il n'est pas un seul endroit où la publication des principes adoptés par les hautes puissances ait produit le moindre effet pour diminuer les exactions militaires. Tous les agents des troupes alliées se refusent à les prendre pour règle ». Par suite, ajoute le ministre, « tous les ressorts de l'administration du roi sont détendus, l'action du gouvernement est paralysée, les revenus de l'état sont taris à leur source, et ce qu'on pouvait espérer d'adoucissement par l'effet d'une administration unique et prévoyante se perd entièrement par les exactions locales nécessairement réparties sans égalité » [2].

La Commission et Talleyrand trouvèrent quelques jours après un secours puissant et inattendu dans le ministre de la police Fouché, duc d'Otrante. Soit pour des raisons d'intérêt personnel, soit simplement pour remplir ses fonctions, il fit rédiger deux longs rapports, qui, publiés, causèrent une sensation énorme. L'un était relatif à la situation politique intérieure de la France, dont nous n'avons pas à nous occuper ; l'autre exposait l'état déplorable du pays, mis en coupe réglée par les troupes étrangères. Ce rapport fut lu par Fouché à la

1. A. E., C. R., papiers divers, 1er août 1815 ; — A. E., *Mémoires et documents, fonds France*, T. 690, f° 71, ou T. 691, f° 192 ; — cf. A. E., C. R., note de la commission pour les ministres, 2 août 1815.

2. A. E., *Mémoires et documents, fonds France*, T. 691, f° 227.

De même, la commission écrit le 2 août au baron de Barante, secrétaire général du Ministère de l'Intérieur : « Rien ne reçoit encore son exécution... Nous sollicitons, nous réclamons l'exécution de la convention du 24, nous espérons que ce ne sera pas sans succès. Mais, en attendant, ce n'est que sur ces données douloureuses... que roule, Monsieur, toute notre correspondance avec les Préfets » : A. E., C. R., papiers divers.

séance du conseil tenue le 5 août[1]. D'après le chancelier Pasquier, qui y assista, le véritable rédacteur serait, non pas Manuel, homme de confiance de Fouché dans la Chambre des représentants, mais Huet, patriote assez chaud pendant la Révolution et secrétaire de la préfecture de Nantes, destitué par Napoléon[2]. Ce rapport devait rester secret et le baron de Vitrolles, qui dirigeait la publication du *Moniteur*, refusa, malgré « l'adoucissement de quelques expressions », de l'insérer dans ce journal « pour ne pas en prendre la responsabilité et ne pas l'infliger aux ministres »[3]. Il fut néanmoins publié, peut-être par ordre de Fouché lui-même, quoique ce ministre ne donne à ce sujet que des renseignements très vagues[4], et répandu à profusion en France.

Ce mémoire[5] débute d'une façon grandiloquente pour faire impression sur le peuple francais : « Sire, s'écrie l'auteur, les ravages de la France sont à leur comble : on ruine, on dévaste,

1. Pasquier, *op. cit.*, T. 3, p. 385 : dans le texte, il y a par erreur le 5 *juillet.*
2. Pasquier, *op. cit.*, T. 3, p. 384.
3. Vitrolles, *Mémoires*, T. 3, ch. 6, p. 187-188.
4. Fouché, *Mémoires*, T. 2, p. 383 ; — Pasquier, *op. cit.*, T. 3, p. 385, 390-391 ; — Talleyrand, *op. cit.*, T. 3, p. 255 ; — A. E., C. R., préfet d'Eure et Loir à Corvetto, 24 août 1815 ; — cf. de Viel-Castel, *op. cit.*, T. 4, 77-84 ; — Duvergier de Hauranne, *Histoire du gouvernement parlementaire en France*, T. 3, p. 226 et sq.
5. De ce mémoire, nous avons plusieurs copies ; l'une est dans Castlereagh, *Correspondance*, 3e série, T. 2, p. 468-472, avec la date inexacte du 9 août ; — l'autre est dans A. E., *Mémoires et documents, fonds France*, T. 647, f° 192-197. — Deux autres se trouvent aux A. N., F7 6549 ; la seconde est datée et porte pour titre : *Rapport fait au Roi, sur la situation de la France et sur les relations avec les armées des puissances étrangères, par Monsieur le duc d'Otrante, ministre de la police générale*. La date du 19 août se rapporte seulement au mémoire sur la situation politique intérieure ; il y a peu de différences entre les deux textes ; — cf. Madelin, *Fouché*, p. 997.

A la suite de cette seconde copie, se trouve une lettre que Louis XVIII aurait adressée à Talleyrand dès le 21 juillet 1815 : « La conduite des armées alliées réduit bientôt mon peuple à s'armer contre elles, ainsi qu'on l'a fait en Espagne. Plus jeune, je me mettrais à la tête. Mais si l'âge et mes infirmités m'en empêchent, je ne veux pas au moins paraître adhérer à des maux dont je gémis Je suis résolu, si je ne puis les adoucir, de demander un asile au roi d'Espagne. Que ceux mêmes qui, après la capture de l'usurpateur seul auquel ils ont déclaré la guerre, continuent de traiter mon peuple en ennemi et doivent par conséquent me regarder comme tel, que ceux-là, dis-je, attentent, s'ils le veulent, à ma liberté, ils en sont les maîtres : j'aime mieux vivre dans une prison que d'être témoin passif des maux de mes enfants. » Cette lettre est apocryphe : elle est publiée dans Talleyrand, *op. cit.*, T. 3, p. 258.

on détruit comme s'il n'y avait pour nous ni composition ni paix à espérer. Les habitants prennent la fuite devant des soldats indisciplinés, les forêts se remplissent de malheureux qui vont y chercher un dernier asile : les moissons vont périr dans les champs : bientôt le désespoir n'entendra plus la voix de l'autorité, et cette guerre, entreprise pour le triomphe de la modération et de la justice, égalera la barbarie de ces déplorables et trop célèbres invasions dont l'histoire ne rappelle le souvenir qu'avec horreur ». L'auteur continue ensuite en établissant un contraste entre les promesses des alliés et la situation du roi de France auquel « on fait la guerre la plus directe ». La France a fait tout ce que les alliés ont désiré, tandis qu'eux n'ont rien réalisé de ce qu'ils avaient annoncé au monde : « Toute l'Europe, conclut l'auteur, a pensé que l'entrée des souverains à Paris terminerait la guerre : que pense-t-on en apprenant que c'est alors seulement que les excès de l'oppression ont commencé sans combats et sans résistance ? Les maux que l'on nous reproche d'avoir fait aux autres n'ont jamais été aussi grands... »

Ce rapport violent non seulement provoqua une réfutation, d'ailleurs assez faible, du ministre prussien Stein [1], mais encore il semble, appuyé par les réclamations de la Commission des réquisitions et de Talleyrand, avoir poussé les ministres des quatre puissances à sortir de leur indifférence et à rechercher des mesures qui, tout en étant à leur avantage, modifieraient l'état présent des choses.

Dès le début d'août, ils discutaient entre eux sur la combinaison financière suivante : céder la perception des contributions à condition que le gouvernement français consentît « à payer mensuellement dans des termes convenus une somme à fixer ». Cette somme devait « être suffisante pour couvrir les dépenses nécessaires à l'entretien des armées respectives sta-

1. A. G., 2e Restauration, correspondance militaire générale, 5 août 1815 ; — cf. la protestation de Justus Grüner dans Madelin, *op. cit.*, p. 999.

tionnées en France » [1]. Le 4 août, Hardenberg s'opposa à ce « genre d'abonnement, parce que la France ne pourra tenir ses engagements » et présenta des demandes excessives [2]. Le 5, Castlereagh proposa de fixer à 40 millions la somme que devrait fournir la France pour l'entretien des armées alliées du 15 juillet au 15 septembre [3]. Le lendemain enfin, les Alliés se mirent d'accord sur le chiffre de 50 millions et décidèrent l'envoi d'une note au cabinet français [4].

Dans cette note du 6 août [5], les ministres des quatre cours, ayant examiné les communications répétées de Talleyrand, se décident à lui faire connaître « par des explications franches et précises leur manière d'envisager » l'entretien des armées alliées en France. Ils invoquent comme excuse, si des contributions en argent ont été levées depuis le 24 juillet, que « les ordres nécessaires n'avaient pu parvenir à la fois dans tous les endroits ». Il reste donc à régler « la perception du revenu des départements occupés et les réquisitions en effets d'habillement et d'équipement ».

Relativement au premier point, les souverains, qui ont imposé à leurs peuples de grands sacrifices « pour anéantir la puissance de l'usurpateur », n'entendent pas leur faire supporter « l'entretien de celles de leurs armées qui sont actuellement en France ». Pour satisfaire aux vœux du gouvernement français, ils abandonnent entièrement l'administration et la perception des revenus, « si une juste indemnité leur est assignée pour couvrir la solde de leurs armées ». Cette somme de 50 millions de francs, « d'après les calculs les plus modé-

1. Gagern, *op. cit.*, T. 5, p. 150-151 ; — Angeberg, p. 1477-1478, protocole du 1er août 1815.
2. Gagern, *op. cit.*, T. 5, p. 151-152 ; — Angeberg, p. 1492, protocole du 4 août.
3. Gagern, *op. cit.*, T. 5, p. 153 ; — Angeberg, p. 1493, protocole du 5 août 1815.
4. Gagern, *op. cit.*, T. 5, p. 154 ; — Angeberg, p. 1493-1494, protocole du 6 août 1815.
5. A. E., C. R., pièces relatives aux armées russe, autrichienne, etc..., 6 août 1815 ; — cf. A. E., C. R., correspondance du conseil administratif et de la commission, 8 et 9 août 1815 ; — *id.*. Ille et Vilaine, commissaire prussien au préfet, 24 août 1815 ; — A. E., *Mémoires et documents, fonds France*, T. 690, f° 69, ou T. 691, f° 190. ministres alliés à Talleyrand, 29 juillet 1815.

rés » doit être remise dans leurs caisses militaires « soit en argent comptant, soit en bons billets de change », en deux versements égaux, effectués l'un le 25 août, l'autre le 15 septembre. Ces obligations étant respectées, les Alliés ne saisiront plus une caisse, n'imposeront plus de contributions dans les départements occupés, et tiendront compte au Trésor royal des « sommes qui auraient été enlevées et perçues d'une autre manière durant l'arrangement actuel ».

Quant à l'habillement et à l'équipement des troupes, les ministres étrangers insistent pour qu'il soit fait droit promptement aux réquisitions demandées par les généraux des divers « rayons ». Constatant que certains préfets, par une « fausse » interprétation de la note du 24 juillet, ont entravé ces mesures, ils offrent d'adresser à la Commission française un état « exact » de ces réquisitions. Ils annoncent enfin qu'une fois ces deux points réglés, ils ouvriront immédiatement avec le gouvernement français des négociations sur les propositions définitives, ne doutant pas qu'elles ne se terminent d'une manière amicale et prompte.

Le 10 août, Talleyrand répondit en admettant « la justice du principe..... que l'entretien et la solde des armées alliées doivent être supportés par le pays que ces armées occupent ». L'état d'épuisement de la France et la désorganisation de son administration intérieure n'empêcheront pas, assure-t-il, « l'exécution des propositions de Leurs Excellences » : il prend donc l'engagement d'effectuer les versements aux termes indiqués. Cependant, il ne pourrait le tenir « si la marche du gouvernement était entravée par les administrations militaires des puissances alliées et s'il se trouvait par là privé des moyens sur lesquels il a dû compter ou s'il était gêné dans leur emploi » [1].

Cette fois, Talleyrand pouvait concevoir quelque espérance, d'autant plus que la Russie se montrait disposée à une entente. Nesselrode en effet, dès le 7 août, au nom d'Alexan-

1. A. E., C. R., pièces relatives aux armées russe, autrichienne, etc..., 10 août 1815 ; — A. E., *Mémoires et documents, fonds France*, T. 690, f° 130, ou T. 691, f° 282.

dre I<sup>er</sup>, « toujours guidé, dit-il, par le désir de soulager, autant que cela peut dépendre de lui, les maux que la guerre fait peser sur la France », offrit au ministère français de « convenir avec lui sur des termes moins rapprochés pour la somme qui lui revient » : en échange, il désirait être certain que les objets d'habillement et d'équipement, requis pour l'armée russe, seraient promptement et exactement fournis [1]. La Commission française se mit à l'œuvre immédiatement. Dès le 11 août, elle communiqua à l'intendant général russe le résultat de son enquête auprès des « fabricants de drap et négociants chargés habituellement de l'habillement des troupes » et lui offrit, à cause de la difficulté de livrer rapidement ces fournitures, de les remplacer par une somme d'argent [2].

Ayant reçu l'acceptation de Talleyrand, les ministres alliés, « croyant pouvoir compter sur les paiements exacts de la somme convenue », se résolurent donc à donner satisfaction au gouvernement français [3]. Par l'intermédiaire de leur Conseil administratif [4], une circulaire fut adressée le 15 août aux gouverneurs étrangers, nommés par eux pour administrer les départements occupés : ils doivent « s'abstenir désormais de prendre aucune part à l'administration financière des départements, laquelle doit être abandonnée sans réserve ni restriction quelconque aux autorités françaises ». Il leur est expressément enjoint « — 1° de ne s'ingérer nullement dans le recouvrement des impôts courants ; — 2° de ne faire rentrer à l'avenir aucun arriéré des revenus publics ; — 3° de ne ven-

1. A. E., *Mémoires et documents fonds France*, T. 691, f° 267, Nesselrode à Talleyrand, 7 août 1815 ; — *id.*, f° 283, Talleyrand à Nesselrode, 10 août 1815.

Quelques jours plus tard, le 23 août, Yermoloff écrivait au prince Dolgorouki : « Il me semble qu'il serait prudent de se borner à exiger quelque contribution à l'entretien des troupes, et pas autre chose, à moins qu'on ne veuille voir les Français de tout parti faire cause commune contre nous » ; cité par le commandement Weil, *Les Cent Jours*, p. 93-94.

2. A. E., C. R., Correspondance avec les commissaires étrangers, et soumission de fournitures : textes excessivement détaillés.

3. A. E., *Mémoires et documents, fonds France*, T. 690, f° 133, ou T. 691, f° 284 ; — Gagern, *op. cit.*, p. 172-173, ou Angeberg, p. 1495-1498, protocoles des 12 et 13 août 1815.

4. A. E., C. R., papiers divers.

dre ni aliéner aucune propriété de l'état » ; — 4° de remettre entre les mains des agents royaux contre reçu « les sels, tabacs, papiers timbrés ou autres objets saisis dans les départements occupés »; — 5° de communiquer cette circulaire aux préfets en leur offrant « de leur prêter main-forte pour le recouvrement des impositions chaque fois qu'ils y seront invités par lesdits préfets » [1].

*
**

De son côté, le ministère français s'était préoccupé depuis longtemps des mesures à prendre pour faire face financièrement aux besoins extrêmes du moment. Dès le 26 juillet, la Commission des réquisitions les avait amplement discutées avec des spécialistes délégués par divers ministres [2], et elle avait adopté le système d'une imposition extraordinaire répartie entre tous les départements proportionnellement à leurs ressources.

L'ordonnance du 16 août 1815 en fixe le montant à 100 millions (art. 1). Cette contribution sera « provisoirement supportée par les principaux capitalistes patentables et propriétaires de chaque département (art. 5) ». La somme, qu'ils auront à fournir, sera déterminée par un comité comprenant le maire du chef lieu, le receveur général et cinq membres « choisis par le préfet dans le Conseil général, dans le Conseil de préfecture et parmi les principaux propriétaires et capitalistes », avec adjonction, au besoin, des directeurs des contributions directes et indirectes et de l'enregistrement (art. 7). Ce comité est chargé de distribuer entre les différents arrondissements « le contingent assigné au département » et, pour l'arrondissement du chef-lieu, de procéder « à la répartition individuelle » entre ceux qui étaient soumis à cet impôt (art. 8). Le paiement de la somme sera effectué, par quart, du 15 septembre au 15 novembre, d'après les échéances établies par le

1. A. E., C. R., circulaire du 15 août, deux exemplaires; — A. E., *Mémoires et documents, fonds France,* T. 690, f° 134 ou T. 691, f° 285 ; — A. N., F7 9699.
2. Voir ch. III.

comité (art. 12). Pour que le montant assigné à chaque département soit intégralement versé par lui, il est ajouté au contingent de chacun « un fonds de non-valeurs de dix centimes par franc ». La disponibilité excédant la somme fixée appartiendra au département; si au contraire il y a insuffisance, le déficit « sera de nouveau réparti » sur les contribuables (art. 2 et 3) [1].

Comme le reconnait le ministre Pasquier, le gouvernement recourait en réalité à un emprunt forcé, puisque les plus riches dans chaque département « étaient tenus d'en faire la première avance », avec l'espoir seulement d'être remboursés plus tard. Evidemment, le mode de perception pouvait présenter de graves inconvénients : répartition arbitraire d'abord entre les départements, puis entre les contribuables et surtout pouvoir « exorbitant » réellement remis au préfet malgré la présence, à côté de lui, d'un comité de sept personnes [2]. Il convient cependant de reconnaître que ces difficultés furent généralement surmontées. Pour éviter les abus et les réclamations, les préfets, dans beaucoup de départements, se contentèrent de faire « la répartition au moyen d'une addition proportionnelle aux cotes d'imposition déjà établies ». D'autre part, dans l'état annexé à l'ordonnance du 16 août, le ministre lui-même tint compte des ressources et surtout de la situation respective des départements, diminuant la charge de ceux qui étaient occupés pour la reporter sur ceux qui ne l'étaient pas. On pourra s'en rendre compte aisément, si, de cet état de répartition, on fait trois tableaux séparés comprenant les départements envahis totalement, partiellement, et non occupés [3].

1. Texte dans *Moniteur Universel*, 18 août 1815, n° 230, p. 917 ; analyse dans de Viel-Castel, *op. cit.*, T. 4, p. 19.

2. Pasquier, *op. cit.*, T. 3 p. 399-400.

3. Etat publié dans *Moniteur Universel*, 18 août 1815, n° 230, p. 918. Sur cette liste ne figure pas la Corse où le gouvernement des Bourbons n'avait pas encore rétabli son autorité et où, d'ailleurs, Murat devait débarquer le 25 août 1815.

Comparer avec l'état de liquidation inséré au chapitre x.

### DÉPARTEMENTS OCCUPÉS TOTALEMENT

| | | | |
|---|---|---|---|
| Ain | 270.000 fr. | Meuse | 135.000 fr. |
| Aisne | 740.000 fr. | Mont Blanc | 27.000 fr. |
| Alpes (Basses) | 95.000 fr. | Moselle | 1.480.000 fr. |
| Alpes (Hautes) | 70.000 fr. | Nièvre | 670.000 fr. |
| Ardèche | 135.000 fr. | Nord | 4.330.000 fr. |
| Ardennes | 940.000 fr. | Oise | 270.000 fr. |
| Aube | 70.000 fr. | Orne | 1.800.000 fr. |
| Bouches du Rhône | 2.200.000 fr. | Pas de Calais | 3.000.000 fr. |
| Calvados | 3.540.000 fr. | Rhin (Bas) | 200.000 fr. |
| Côte d'Or | 1.270.000 fr. | Rhin (Haut) | 135.000 fr. |
| Doubs | 600.000 fr. | Rhône | 2.600.000 fr. |
| Drôme | 300.000 fr. | Saône (Haute) | 135.000 fr. |
| Eure | 1.740.000 fr. | Saône et Loire | 270.000 fr. |
| Eure et Loir | 2.000.000 fr. | Sarthe | 1.330.000 fr. |
| Gard | 940.000 fr. | Seine | 13.340.000 fr. |
| Ille et Vilaine | 1.330.000 fr. | Seine et Marne | 270.000 fr. |
| Isère | 1.140.000 fr. | Seine et Oise | 400.000 fr. |
| Jura | 670.000 fr. | Seine Inférieure | 5.350.000 fr. |
| Loire | 800.000 fr. | Somme | 3.330.000 fr. |
| Marne | 200.000 fr. | Var | 740.000 fr. |
| Marne (Haute) | 135.000 fr. | Vaucluse | 470.000 fr. |
| Mayenne | 1.000.000 fr. | Vosges | 270.000 fr. |
| Meurthe | 135.000 fr. | Yonne | 270.000 fr. |

### DÉPARTEMENTS OCCUPÉS PARTIELLEMENT

| | | | |
|---|---|---|---|
| Allier | 670.000 fr. | Lozère | 135.000 fr. |
| Côtes du Nord | 1.200.000 fr. | Maine et Loire | 135.000 fr. |
| Hérault | 2.530.000 fr. | Manche | 2.680.000 fr. |
| Indre et Loire | 1.480.000 fr. | Morbihan | 400.000 fr. |
| Loire (Haute) | 240.000 fr. | Puy de Dôme | 1.740.000 fr. |
| Loiret | 1.800.000 fr. | Pyrénées (Basses) | 240.000 fr. |
| Loir et Cher | 740.000 fr. | Pyrénées Orientales | 160.000 fr. |
| Loire Inférieure | 1.800.000 fr. | | |

### DÉPARTEMENTS NON OCCUPÉS

| | | | |
|---|---|---|---|
| Ariège | 95.000 fr. | Cher | 540.000 fr. |
| Aude | 940.000 fr. | Corrèze | 174.000 fr. |
| Aveyron | 340.000 fr. | Creuse | 135.000 fr. |
| Cantal | 500.000 fr. | Dordogne | 1.000.000 fr. |
| Charente | 1.700.000 fr. | Finistère | 800.000 fr. |
| Charente Inférieure | 2.000.000 fr. | Garonne (Haute) | 2.000.000 fr. |

| | | | |
|---|---|---|---|
| Gers............... | 800.000 fr. | Deux Sèvres........ | 800.000 fr. |
| Gironde............ | 5.330.000 fr. | Tarn............... | 440.000 fr. |
| Indre.............. | 300.000 fr. | Tarn et Garonne.... | 1.280.000 fr. |
| Landes............. | 135.000 fr. | Vendée............. | 270.000 fr. |
| Lot................ | 334.000 fr. | Vienne............. | 950.000 fr. |
| Lot et Garonne...... | 1.145.000 fr. | Vienne (Haute)...... | 800.000 fr. |
| Pyrénées (Hautes)... | 100.000 fr. | | |

Par suite des mesures prises par les ministres alliés et français, les divergences de vues, qui avaient existé jusqu'alors entre eux, semblaient être définitivement aplanies. En réalité il n'en fut rien. La note du 6 août donna lieu, comme auparavant celle du 24 juillet, à des interprétations opposées qui en retardèrent la mise en œuvre et permirent aux chefs militaires de continuer leurs irrégularités.

Le conseil administratif ayant ordonné le 16 août que tous les fonds rentrant dans les caisses royales seraient destinés au paiement des 50 millions convenus, la commission française fit observer qu'il fallait déduire de ce paiement « les sommes perçues par les agents des armées alliées. » La France, ajoutait-elle, n'avait donc pas à payer intégralement les 50 millions, « d'autant plus que quelques puissances... se sont prêtées à des arrangements particuliers pour la portion qu'elles avaient à réclamer dans cette somme. » Elle tentait enfin de résoudre la question de l'habillement et de l'équipement en précisant que la note du 6 août s'appliquait aux réquisitions de cette sorte aussi bien qu'aux contributions en argent, et, comme preuve, elle donnait l'exemple de la Russie « qui a renoncé à faire aucune réquisition de remonte, d'équipement et d'habillement. » Pourquoi les autres puissances n'agiraient-elles pas de même [1] ?

Les ministres alliés refusèrent immédiatement d'accepter l'interprétation de la commission française et déclarèrent qu'on devrait déduire seulement du montant total les sommes

1. A. E., C. R., Correspondance avec les commissaires étrangers, 17 août 1815 ; — A. E., *Mémoires et documents, fonds France*, T. 690, f° 150, ou T. 691, f° 292.

perçues à tort après la convention du 6 août, mais non « les sommes enlevées avant l'arrangement[1] ». Puis le conseil administratif informa la commision française de cette opinion et se refusa à traiter pour l'instant la question de « l'habillement des armées »[2].

Talleyrand, sentant ce terrain peu solide au point de vue juridique, adhéra le 23 août à la théorie des alliés[3]. Peut-être céda-t-il si rapidement parce qu'il voyait l'impossibilité où était le gouvernement français d'effectuer le premier versement au terme fixé, le 25 août. Pour lui, la cause de cette carence était que les stipulations de la note du 6 août n'étaient pas plus respectées que ne l'avaient été celles de la note du 24 juillet.

Muni de preuves nombreuses, il n'avait donc pas hésité, dès le 19 août, à adresser aux ministres alliés d'énergiques réclamations pour dégager la responsabilité de son gouvernement : « Le ministère du roi, s'écrie-t-il, ne craint point de l'affirmer. Les causes qui gênent encore l'action du gouvernement de Sa Majesté sont toutes étrangères à la France. Elles ne peuvent être trouvées que dans les actes de plusieurs des généraux des armées alliées. En effet, comment les peuples pourraient-ils voir l'avenir sans inquiétude et placer sans réserve toutes leurs espérances dans le gouvernement du roi, lorsque la conduite des généraux alliés est propre à laisser des doutes sur les intentions des puissances[4] ». Le ministre français demanda en conséquence que des mesures efficaces fûssent prises sans retard par les cours alliées.

N'ayant pas reçu de réponse, il revint à la charge le 24,

1. A. E., *Mémoires et documents, fonds France*, T. 690, f° 148, ou T. 691, f° 298, 18 août 1815 ; — cf. Gagern, *op. cit.*, T. 5, p. 180-181, — Angeberg, p. 1500, protocole du 18 août 1815.

2. A. E., *Mémoires et documents, fonds France*, T. 690, f° 152, ou T. 691, f° 308, 19 août 1815.

3. A. E., C. R., pièces relatives aux armées... ; — A. E., *Mémoires et documents, fonds France*, T. 690, f° 176, ou T. 691, f° 321.

4. A. E., *Mémoires et documents, fonds France*, T. 690, f° 162, — T. 691, f° 309, — T. 693, f° 28 ; — cf. Gagern, *op.cit.*, T. 5, p. 190, — Angeberg, p. 1501, protocole du 20 août 1815 ; — voir aussi l'extrait d'une lettre de Gentz du 19 août 1815, dans Sorel, *op. cit.*, p. 78-79.

développant plus amplement les motifs qui l'empêchaient de satisfaire immédiatement à l'engagement pris. Après avoir justifié les intentions du ministère français qui n'a pas hésité à « imposer une contribution extraordinaire dont la perception doit se faire par des voies inusitées afin d'en accélérer la rentrée », il regrette que le gouvernement n'ait pas eu encore toute sa liberté d'action pour exécuter les mesures prises. Jusqu'à ce qu'il la possède, il n'inspirera aucune confiance aux habitants, et « il ne leur présentera aucune garantie tant que la direction et l'emploi des revenus ne lui seront pas remis et assurés pour l'avenir. » Résumant les nombreux rapports parvenus des département, il accuse les généraux des armées alliées de n'avoir pas obéi aux ordres de leurs souverains : entraves apportées à l'administration française, violences contre les agents royaux, versement des impôts dans les caisses des armées, réquisitions exorbitantes, etc..., tels sont les principaux faits qui prouvent « qu'il n'a pas été au pouvoir du ministère du Roi de se procurer les fonds pour le paiement des premiers 25 millions, puisqu'il ne peut disposer d'aucune des ressources des départements. » Il reconnait cependant que « sur quelques points » les engagements ont été respectés par les puissances et que là « il a pu être fait quelques recouvrements » ; il offre donc de régler « la somme proportionnelle à remettre » à celles qui ont rétabli les autorités françaises « sans restrictions ni réserves[1]. »

Sans doute, le Conseil administratif réclama avec énergie à la Commission française le paiement du terme échu, et la prévint que dans le cas d'une réponse négative les puissances « se trouveraient dans la nécessité de mettre leurs droits à couvert par les mesures les plus convenables à la circonstance[2]. » Mais les ministres alliés préférèrent négocier et accorder un délai au gouvernement français, en faisant droit d'ailleurs à ses justes réclamations. D'après l'accord convenu

1. A. E., *Mémoires et documents, fonds France*, T. 690, f$^{os}$ 181 et sq., — T. 691, f$^{os}$ 328 et sq. ; — Angeberg, p. 1504-1505. — Pour des exemples, voir A. E., C. R., Ardennes ; — cf. Houssaye, *op. cit.*, p. 489.

2. A. E., C. R., papiers divers, 25 août 1815.

entre eux et le baron Louis, les 50 millions attribués pour la solde des troupes étrangères seraient payés par moitié « dans chacun des deux mois qui suivront la remise de l'administration aux autorité françaises. » Les réquisitions pour l'habillement et l'équipement seraient supprimées et remplacées par une somme en argent sur la base de « 120 fr. par homme sans distinction d'armée » : dans ce but, 10 millions seraient payés pendant chacun des deux mois suivants et le surplus « par quart dans chacun des quatre mois qui suivront les deux premiers [1]. »

***

Désormais, les difficultés furent réglées et l'accord observé par les intendants et les généraux. Le 7 septembre, Dunmore, représentant l'Angleterre au Conseil administratif, prévint la Commission française que, sur les ordres de Wellington, toute réquisition pour effets d'équipement et d'habillement cessait dans le rayon britannique [2]. De son côté, le lieutenant général autrichien Bianchi adressa à l'armée d'Italie le 16 septembre un ordre du jour conforme aux intentions des ministres alliés et menaçant de peines graves, en cas d'infraction, « les chefs militaires et les *individus* de son armée [3] ».

Mais, c'était le 16 septembre, le moment où les négociations pour la paix arrivaient à une conclusion. Le 20 septembre, en effet, les alliés adressèrent aux plénipotentiaires français, sous forme d'ultimatum, leur projet de traité [4] et le 2 octobre l'accord fut acquis au point qu'il ne s'agissait plus que de la rédaction définitive [5].

Cette concordance de dates est significative. Pendant deux

1. Gagern, *op. cit.*, T. 5, p. 223, — Angeberg, p. 1506-1507, protocole du 31 août 1815.
2. A. E, C. R., pièces relatives aux armées..., 7 septembre 1815.
3. A. E., C. R., Vaucluse, Avignon, 16 septembre 1815 ; — *id.*, Drôme, lettre de Stahl, intendant autrichien, à Dubouchage, préfet, 14 septembre 1815.
4. Angeberg, p. 1522 et sq.
5. Angeberg, p. 1550.

mois, les Alliés ont opposé aux demandes du gouvernement français une résistance intéressée et maintenu l'*irrégularité dans l'occupation*, parce qu'elle leur était profitable. Au contraire, une fois conclu l'accord politique, qui avait pour but de modifier la situation à leur bénéfice, comprenant l'avantage de rétablir la *régularité dans l'occupation*, ils y ont alors consenti.

# CHAPITRE VI

## LES ALLIÉS ET LES ADMINISTRATIONS FRANÇAISES

### 1° *Administration départementale et communale.*

Après avoir examiné les faits chronologiquement, le caractère général de l'occupation étrangère, les négociations auxquelles elle a donné lieu entre le gouvernement français et les ministres des quatre cours, il convient de voir comment cette occupation a été effectuée, quels ont été les rapports entre Français et Alliés.

« Dans les idées modernes, a-t-on dit, l'occupation d'un territoire par les troupes d'un belligérant n'opère pas un transfert de souveraineté. L'occupant est tenu au respect de la souveraineté de l'Etat ennemi sur ce territoire. C'est au nom du souverain légal que les autorités locales continueront à agir... L'intervention armée est, théoriquement au moins, respectueuse du gouvernement de l'Etat où elle se produit »[1]. Ces principes ont-ils été suivis en 1815 ? A en juger par les proclamations des chefs des diverses armées, lancées par eux à leur entrée en France[2], on serait amené à le supposer. Mais, quand on voit le chancelier autrichien, comte de Wurmser, déclarer que « d'après les directions... concertées avec Les Hautes Puissances alliées, l'Intendance générale de l'armée impériale autrichienne d'Italie est chargée provisoirement de l'administration supérieure des parties de la France qui se-

1. Basdevant, *op. cit.*, p. 25 et 177.
2. Voir chapitre II.

ront occupées par ladite armée », [1] un doute ne vient-il pas à l'esprit sur la sincérité des affirmations précédentes ? Pour résoudre cette question, il est donc indispensable d'étudier successivement, d'abord les rapports des alliés avec les administrations et les biens publics, ensuite leurs rapports avec les particuliers et les biens privés.

Dans chaque département, les Alliés avaient en face d'eux le représentant du gouvernement, le préfet. Or, en juillet 1815, l'administration préfectorale était en voie de modifications résultant du retour de Louis XVIII en France. Certains préfets, fidèles serviteurs de Napoléon, avaient donné leur démission ; d'autres avaient été nommés par le nouveau gouvernement dès son installation à Paris et plusieurs d'entre eux ne purent pas rejoindre ou ne rejoignirent que très difficilement leur poste. Cette situation incertaine favorisa les exigences des alliés ; ils purent souvent s'emparer sans difficulté, ayant la force, de l'administration des départements.

On les voit en effet méconnaître l'autorité royale, refusant de laisser imprimer et afficher les ordonnances du gouvernement ou de ses représentants [2], faisant enlever la cocarde et le drapeau blancs [3]. Bien plus, ils s'opposent à la tenue des collèges électoraux ou émettent la prétention d'assister à ces assemblées, ou encore refusent aux députés élus des passeports pour aller à Paris [4]. Ils prétendent obliger les fonction-

1. A.E., C.R., Saône et Loire, 9 juillet ; — A.E., *Mémoires et documents, fonds France*, T. 691, f° 117.

2. A.N., F7 3148, lettre du comte Dessolle, 31 juillet 1815, — 3735 et 3786, bulletins des 2 et 16 août 1815, Eure, Chambéry, Grenoble ; — A.G., 2e Restauration, correspondance militaire générale, Foncigny au Ministre de la guerre, 12 août 1815 ; — A.E., *Mémoires et documents, fonds France*, T. 691, fos 100-101 ; — A.E., C.R., Meuse, lettre du préfet, 25 octobre 1815.

3. A E., C.R., lettre de Lavalette au comte Dessolle ; — A.N., F7 8970, préfet de l'Ain au ministre de la police, 19 juillet 1815 ; — Chabrol au ministre de l'Intérieur, 19 juillet 1815, *Revue d'histoire de Lyon*, T. 3, p. 233-238.

4. A.E , C.R., Ministre de l'Intérieur à Talleyrand, 19 août 1815 : — A.G., 2e Restauration, correspondance militaire générale, Ministre de la guerre à

naires royaux, dès le mois de juillet, à prêter serment de fidélité aux autorités alliées [1], à tel point que Chabrol, le préfet de Lyon, « prévoit avec peine qu'il sera leur agent forcé » [2]. Bülow s'installe à la préfecture d'Eure et Loir avec le comte de Breteuil, et le prince de Hesse-Hombourg rabroue vertement le préfet de la Meuse en l'invitant à correspondre avec lui dans un « autre style », parce que « ce n'est pas dans ce ton qu'un préfet écrit à un général qui commande une armée ennemie, la paix n'ayant pas encore été proclamée » [3].

Ces chefs militaires acceptaient encore la présence à côté d'eux d'une autorité autre que la leur. Mais il en est plusieurs, qui, ou bien refusent de reconnaître la nomination du préfet, par ex. dans l'Yonne, ou bien ne le laissent procéder à son installation qu'après lui en avoir donné eux-mêmes la permission, par ex. dans le Mont Blanc [4]. Et encore, ces préfets sont-ils tenus dans une entière dépendance : car les autorités alliées n'hésitent pas à se passer d'eux et à s'adresser directement aux bureaux pour imposer leurs décisions [5]. Sans tenir compte de la note du 24 juillet, elles les considèrent comme des subordonnés directs et les convoquent à des réunions, auxquelles d'ailleurs ils ne se rendent pas, « se reposant sur des ordres de leur gouvernement » [6] et ne voulant pas approuver par leur seule présence les décisions arbitraires qui seraient prises. D'autres fois, au contraire, les commissaires nommés par les alliés contestent aux préfets le droit d'exer-

Ministre de l'Intérieur, 17 août 1815 ; — A.E., *Mémoires et documents, fonds France*, T. 691, f° 247 ; — id., T. 690, f° 221, ou 691, f° 400, ou 693, f° 62, 15 septembre 1815.

1. A.N., F7 3786, bulletin du 4 août 1815 ; — A.E., *Mémoires et documents, fonds France*, T. 703, f°s 5-8, arrêté du baron de Hess, 15 juillet 1815.

2. A.E., *Mémoires et documents, fonds France*, T. 691, f° 154, Lyon, 19 juillet 1815 ; — Chabrol au Ministre de l'Intérieur, *op. cit.*,

3. A.N., F5 II, Eure et Loir 17 ; — A.E., C.R., Meuse, 13 octobre 1815.

4. A.E., C.R., Yonne, lettre du préfet, 31 juillet 1815, — id., commission aux ministres, 3 août 1815 ; — A.N., F7 3148, lettre du préfet du Mont Blanc, 4 août 1815.

5. A.E., C.R., Saône et Loire, lettre du commissaire impérial, 7 août 1815.

6. A.E., *Mémoires et documents, fonds France*, T 690, f°s 166 et 188 ; T. 691, f°s 312 et 342, prince de Wrède aux ministres alliés et aux ministres du roi, 17 et 24 août 1815.

cer l'autorité sur leur département tout entier : il est, par ex., fait, par le commissaire autrichien dans le Bas Rhin, « défense aux sous-préfets, à peine d'exécution militaire la plus sévère, de déférer aux ordres de la préfecture de Strasbourg, que nous n'envisageons, dans ce moment, que comme marchandise de contrebande ! » [1]

En somme, les alliés manifestent la volonté d'agir sans tenir compte des agents royaux. Que ceux-ci acceptent ou refusent, peu leur importe. Ils font des réquisitions de toutes sortes, en argent, en denrées, en fournitures diverses, effectuent, « sans le secours de l'administration, la répartition des objets requis et en pressent avec menaces le recouvrement » ; partout ils apposent des scellés pour évaluer les ressources de la France et en retirer le plus de profits possible [2]. Ceux qui dirigent l'administration sont donc les commissaires, les intendants, les généraux et les gouverneurs. Dans l'Yonne, « tout se fait par les ordres » du général autrichien Stuhlzeim « et au nom de son souverain » [3]. Wurmser, nommant un gouverneur pour l'Ain, le Jura, le Mont Blanc et l'Isère, publie une ordonnance dont l'article 2 porte : « En conséquence, c'est dudit gouverneur que les administrations et pouvoirs constitués, sans exception, recevront leurs ordres, et c'est à lui qu'ils devront s'adresser dans toutes les affaires qui, aux termes des lois et règlements en vigueur, étaient de l'attribution des ministres et des administrations centrales établies à Paris » [4]. Le même intendant général, précisant sa pensée, invite le préfet de l'Ain « à ne suivre d'autres directions que celles qui vous seront adressées soit par le général commandant en chef, soit par l'intendance générale ou enfin par le gouverneur que Sa Majesté l'Empereur d'Autriche fera établir

1. A.N., F7 3735, bulletin du 3 septembre 1815 ; — cf. A.E., C R., correspondance avec le ministre de la police, lettre du prince de Hohenzollern, 28 août 1815.

2. A G., 2e Restauration, correspondance militaire générale, Aube, 31 août 1815 ; — A.E., C.R , correspondance avec l'administration des contributions directes, Maine et Loire, Manche, Loiret, etc., 29 août 1815, — Jura, 23 août 1815.

3. A.G., 2e Restauration, correspondance militaire générale, lettre au Ministre de la guerre, 18 juillet 1815.

4. A.E., *Mémoires et documents, fonds France*, T. 691, f° 116.

incessamment »[1]. Bien plus, dès le 9 juillet, il rédige une ordonnance très longue et très minutieuse, qui subordonne intégralement toute l'administration départementale aux autorités alliées[2] et c'est ainsi qu'à Lyon « le préfet ne prend pas le moindre arrêté où l'on ne lise à la suite : *Vu et approuvé, le comte de Bubna* »[3]. De même, celui de la Mayenne « ne doit plus reconnaître les ordres qu'il recevra du gouvernement français »[4] et, dans les Vosges, le prince de Wrède publie encore le 1er septembre une proclamation plus réduite, mais semblable à celle de Wurmser[5].

De tous ces faits, choisis entre beaucoup d'autres, il résulte que les alliés ont voulu user « des droits de la guerre », parce qu'ils se considéraient comme étant « en pays conquis » et, par suite, les maîtres de tout, revenus ordinaires et extraordinaires, police civile et militaire, autorité générale sur les agents du Roi, etc...[6]

Quelle fut la situation faite aux préfets et leur attitude devant les prétentions des représentants des puissances ?

Très rarement, ces derniers manifestèrent un véritable désir d'entente avec les fonctionnaires français et s'en remirent à leur capacité et à leurs aptitudes professionnelles[7]. Très rarement encore, les préfets réussirent à force de souplesse et d'habileté à maintenir des relations correctes avec les alliés et à sauvegarder les intérêts de leurs départements. Leur tactique fut celle exposée par le préfet de la Haute Loire à la Commission des Réquisitions : « Dans la crainte qu'un refus formel n'entraînât l'exécution militaire, ainsi que cela se pra-

1. A.E., *Mémoires et documents, fonds France*, T. 691, f° 102.
2. Voir à l'appendice le texte de cette ordonnance caractéristique.
3. A.N., F7 3786, bulletin du 7 août 1815.
4. A E., C.R., Mayenne, 26 août 1815.
5. A.E., C.R., Vosges, 1er septembre 1815.
6. A.E., C.R., Yonne, lettre des députés de Joigny, 4 août 1815 ; — id., Ministre de la police au Ministre des Affaires Étrangères, 8 août 1815.
7. A.E., C.R., Nord, lettre de l'inspecteur général hollandais Reuther, 18 juillet 1815.

tiquait dans les autres départements, j'ai pris pour règle de ma conduite qu'il fallait promettre de fournir tout ce qui dépendrait de moi, et cependant ne rien accorder. J'ai gagné du temps, et j'ai évité à mon département des sacrifices ruineux et les mesures violentes de l'exécution militaire » [1].

Mais, le plus souvent, l'entente fut impossible. Les préfets, se conformant aux instructions ministérielles qui leur ordonnaient le respect des conventions conclues entre le gouvernement de Paris et les ministres des quatre cours, se heurtèrent à l'hostilité des agents étrangers et eurent à subir des vexations variées de leur part.

Certains, les plus nombreux, furent mis au secret, considérés comme prisonniers dans leurs préfectures, et tenus de loger et de nourrir des « garnisaires » dont le nombre varia avec le degré de leur opposition. Ils savaient à l'avance ce que leur résistance pouvait coûter, puisque les alliés s'entendirent pour observer la même procédure et établir une sorte de tarif général : « Si les autorités, expose en effet l'intendant prussien au préfet des Ardennes le 28 août 1815, mettent de la lenteur à effectuer les réquisitions qui sont imposées et surtout en objets d'habillement, il m'est ordonné d'employer les moyens suivants pour les y contraindre, selon les degrés de contravention dont elles se rendront coupables :

1° une exécution militaire chez Monsieur le Préfet à ses frais ;

2° la saisie de tous ses biens meubles et immeubles ;

3° l'arrestation de sa personne et sa déportation dans une forteresse prusienne ;

4° la saisie de tous les objets et biens, de quelque valeur et de quelque nature qu'ils soient, chez les particuliers ;

5° la confiscation de ces mêmes biens et objets ;

6° la saisie de toutes les pièces concernant les propriétés, qui se trouveront chez les notaires » [2].

Ce règlement ne resta pas lettre morte ; les actes suivirent

1. A.E., C.R., Haute Loire, lettre du 18 septembre 1815.
2. A.E., C.R., Ardennes, 28 août 1815.

et beaucoup de préfets eurent à en souffrir. Celui de l'Aisne, n'ayant pas voulu satisfaire à des réquisitions énormes, fut menacé d'une « exécution militaire » de trois escadrons et, en définitive, gardé chez lui par trente homme et deux officiers « à raison de deux francs par soldat et quinze francs par officier et par jour »[1]. De même, celui de l'Allier reçoit, le 26 août, vingt-cinq soldats et un officier et le lendemain autant, ce qui lui occasionne une « dépense excessive »[2]. Dans le Calvados, le préfet est encore plus mal traité puisqu'il a chez lui cent vingt hommes[3]. Dans la Manche, un ordre du général Katzler déclare que « chaque hussard qui sera logé ou mis en exécution chez Monsieur le Préfet à Saint-Lô retirera, outre nourriture, une bouteille de vin par jour, et toutes les vingt-quatre heures un franc »[4]. Il fut heureux pour le préfet de la Meuse de garder seulement pendant vingt-quatre heures les deux cents hommes dont l'intendant russe l'avait gratifié[5]. A Alençon, le comte de Ricé eut à subir pendant deux jours la présence de cent vingt soldats qui brisèrent ses meubles, dévastèrent l'hôtel et l'insultèrent « grièvement »[6]. A Chartres, le préfet est constamment en lutte avec l'intendant prussien; il lui conseille de ne pas célébrer par des fêtes l'anniversaire de son roi, « car il n'y aurait que des filles publiques au bal, et ce n'était point une réquisition »; il refuse de lui laisser prendre la direction financière du département et, à deux reprises, de délivrer un certificat de bonne disci-

1. A.E., C.R., Aisne, 30 août 1815. — Extrait de la correspondance du 29 août 1815, — lettre du ministre de la police, 30 août 1815 ; — A.G., 2e Restauration, correspondance militaire générale, extrait de la correspondance ministérielle du 1er septembre 1815 et lettre du chevalier Moisez au Ministre de la guerre du 7 septembre 1815.

2. A.E., C.R., Allier, 27 août 1815 ; — A.G., 2e Restauration, correspondance militaire générale, 29 août, 2, 4, 6 septembre 1815.

3. A.G., 2e Restauration, correspondance militaire générale, 2 septembre 1815.

4. A.E., C.R., Manche, 24 août 1815 ; — cf. A.G., 2e Restauration, correspondance militaire générale, 29 août 1815, rapport de la 14e division militaire.

5. A.E., C.R., Meuse, 6 août 1815, — id., extrait de la correspondance, 9 août 1815.

6. A.E., C.R., Orne, 21 août 1815 ; — A.G., 2e Restauration, correspondance militaire générale, lettre du colonel Cavalier, 17 août 1815 ; — *id.*, extrait de la correspondance, 24 août 1815 ; — A.N., F7 3735, bulletin du 24 août.

pline aux troupes étrangères, etc.... Il est menacé d'être arrêté et emmené en Prusse [1]. A Marseille, le comte de Vaublanc, futur ministre de l'Intérieur, pour « se soustraire aux menaces qui lui sont faites » en est réduit à demander la protection du commodore anglais qui réside dans la ville [2]. A Paris même, le préfet de police n'est pas épargné par le gouverneur Müffling, qui le menace d'arrestation « sous prétexte qu'il n'a pas assez de déférence à son égard » [3].

Il n'est donc pas étonnant que, dans des circonstances pareilles, les agents du roi aient menacé de cesser leurs fonctions, puisqu'ils ne pouvaient pas les exercer librement [4]. Et cela arriva en effet en plusieurs endroits. A Dijon, le préfet Choiseul ne s'entend pas avec l'autrichien Colloredo « dont la conduite, dit-il, est indigne d'un général » et qui « semble avoir déclaré la guerre à tous les tanneurs et marchands de draps ». N'ayant pu lui fournir une étoffe « couleur vert pistache », il fut prévenu « qu'il me ferait donner cent coups de bâton sur la grande place et qu'il me ferait mettre en prison ». Epouvanté par « ces agréables compliments », il ne trouva rien de mieux que de se réfugier chez le gouverneur autrichien, Baden, en lui déclarant qu'il ne quitterait pas « sa maison tant que Monsieur de Colloredo serait dans la ville » [5]. Son

1. A.E., C.R., Eure et Loir, 26 juillet au 24 août, surtout la lettre du préfet lui-même à Corvetto.

2. A.G., lettre de Partonneaux au ministre de la guerre, 8 septembre 1815.

Des faits analogues se sont produits dans beaucoup d'autres départements, p. ex. : Basses Alpes, Ardennes, Aube, Côte d'Or, Loir et Cher, Loire, Haute Marne, Mont Blanc, Nord, Haut Rhin, Haute Saône, Saône et Loire, Seine et Marne, Var, Yonne. Sur tous ces faits, voir les documents des A.E. et A.G., cités dans les notes précédentes, de juillet à septembre 1815.

3. Houssaye, *op. cit.*, p. 85-86.

4. A.E., C.R., correspondance avec le ministère de l'Intérieur, lettres du préfet de la Loire au commissaire autrichien Besozzi, 13 et 29 octobre 1815.

5. A.E., C.R., Côte d'Or, — et A.E., *Mémoires et documents*, *fonds France*, T. 690, f° 123, ou T. 691, f° 273, lettres de Choiseul à la Commission et au Ministre de l'Intérieur, 4 août 1815.

La veille, le secrétaire général de la préfecture, Vaillant, avait été enlevé « au milieu de la nuit sans lui laisser le temps de s'habiller » et traîné à pied jusqu'à Autun ; mêmes références que ci-dessus et en outre, A.E., C.R., correspondance du ministre de la police 19 août 1815 ; — A.E., *Mémoires et documents*, *fonds France*, T. 703, f° 33-34 ; — A.N., F7 3148, 8 août 1815 ; — Gaffarel, *op. cit.*, p. 277.

collègue du département des Vosges fut à la fois plus habile et moins malheureux. Ayant refusé de se rendre à une convocation du prince de Wrède et de souscrire à des réquisitions arbitraires, il quitte Epinal le 25 août avec le secrétaire général et les conseillers de préfecture ; le bruit courut qu'il s'était retiré dans les bois ; en réalité il était à Nancy d'où il continua à diriger l'administration de son département, bien que, sur le refus de citoyens français, les Bavarois eussent installé des administrateurs de leur nation[1]. Dans la Nièvre et l'Indre et Loire, il en fut de même : préfets et autres fonctionnaires quittèrent les chefs-lieux pour ne plus obéir « aux ordres impérieux » des Autrichiens ou des Prussiens[2]. Enfin, le préfet de la Mayenne, d'Arbelle, résumant, dans une longue lettre du 9 novembre 1816, l'occupation de son département, raconte avec humour comment il échappa à l'emprisonnement ; le 29 août 1815, lorsqu'un officier prussien vint lui signifier son arrestation, « je sortis brusquement, dit-il, de mon cabinet, je me rendis au château d'Hauterive à une lieue de Laval d'où j'espérais diriger l'opposition aux demandes fiscales des intendants prussiens ». Il pensait, en agissant ainsi, éviter l'installation d'un fonctionnaire étranger qui « mettrait *légalement* le pays au pillage »[3].

Et en effet, c'est ce qui se produisit dans plusieurs départements dont les préfets furent arrêtés et transportés en Allemagne. Il semble même que ces enlèvements aient été effectués avec des intentions précises, pour faire pression sur le gouvernement lui-même ; car la plupart de ces agents étaient parents d'anciens ministres ou de ministres en fonc-

1. A.E., C.R., Vosges, 25 août 1815 ; — *id.*, papiers divers, 23 août 1815 ; — *id.*, extrait de la correspondance 1er et 2 septembre 1815 ; — A.E., *Mémoires et documents, fonds France*, T. 691, f° 361, ou T. 705, f° 2, lettre à Talleyrand, 3 septembre 1815 ; — A. G., 2e Restauration, correspondance militaire générale, 4 septembre 1815, et lettre du lieutenant-général Heudelet de Biene, 3 septembre 1815 ; — A N., F7 3735, bulletin du 4 septembre 1815.

2. A.E., C.R., Nièvre et Indre et Loire, 2 et 6 septembre 1815 ; — A.G., 2e Restauration, correspondance militaire générale, 4 septembre 1815.

3. A.N., F5 II, Mayenne 15, lettre du préfet au ministre de l'Intérieur, 9 novembre 1816 ; — A.G., 2e Restauration, correspondance militaire générale, ou A.N., F7 3735, bulletin du 2 septembre 1815.

tions[1]. Ainsi, le préfet du Loiret, le baron de Talleyrand, cousin du ministre des Affaires Etrangères, fut arrêté et emmené dès le 21 juillet[2]. Celui de l'Eure, le marquis de Gasville, gendre de l'ancien chancelier Dambray, se trouva dès le début en conflit avec l'intendant prussien Henry ; après avoir été consigné dans son hôtel et gardé par des soldats, il refuse de souscrire aux injonctions des fonctionnaires ennemis parce que « une autorité nommée par le Roi ne peut exécuter d'autres volontés que les siennes » ; le 19 août, il est enlevé par des troupes prussiennes et conduit à Aix-la-Chapelle ; il n'en revint que le 5 octobre et fut reçu, d'après le Moniteur, « au milieu des acclamations et aux cris de Vive le Roi »[3]. Dans la Sarthe, Jules Pasquier, frère du chancelier, n'ayant pas voulu laisser les Prussiens lever arbitrairement des contributions, est arrêté, dans la nuit du 20 au 21 août, par ordre du général Thielmann et, sous l'escorte de quatre soldats, quitte la ville pour être conduit en Allemagne ; il ne fut libéré qu'un mois après, le 26 septembre[4]. A ces personnages marquants, il convient d'en ajouter un autre, le baron de Vismes, préfet de Maine et Loire. Celui-ci, ayant résisté à l'intendant Harthmann, fut obligé tout d'abord de nourrir vingt-quatre militaires et de payer « par jour à chaque sous-officier douze francs, à chaque soldats six francs », avec menace de voir doubler ces frais pour chaque jour de résistance. N'ayant pas cédé, il

1. Vitrolles, *op. cit.*, T. 3, ch. v, p. 133-134 ; — Pasquier, *op, cit.*, T. 3, p. 366 ; — cf. de Viel-Castel, *op. cit.*, T. 3, p. 492.

2. A.E,, *Mémoires et documents, fonds France*, T. 691, f° 126-135.

3. A.E., C.R., Eure, nombreuses pièces ; — *id* , papiers divers, 16 août 1815 ; correspondance du ministère de l'Intérieur 13 septembre 1815, extrait de la correspondance du ministère des finances 23 août et 2 septembre 1815, correspondance avec l'administration des contributions directes 24 août 1815 ; — A.G., 2e Restauration, correspondance milititaire générale, lettres du lieutenant-général duc de Castries au ministre de la Guerre, 17, 20, 27 août 1815 ; A.N., F7 3734 et 3735, bulletins des 26 juillet et 14 août 1815 ; — *Moniteur Universel*, 12 octobre 1815, n° 285, p. 1123.

4. A.E., C.R., Sarthe, 24 août 1815 ; — *id.*, correspondance de l'administration des contributions directes, 21 août 1815 ; — *id.*, Ministre de la guerre à Commission, 29 août 1815 ; — A.G., 2e Restauration, correspondance militaire générale, colonel Cavalier au ministre de la guerre, 21, 24 et 26 août 1815 ; — A.N., F7 3148, lettre du préfet 21 août ; 3735, bulletin du 23 août 1815.

fut enlevé d'Angers le 24 août et envoyé dans la citadelle de Juliers, d'où il ne revint qu'après le départ des Prussiens[1].

Si les préfets, personnages considérables, n'étaient pas respectés par les envahisseurs, à plus forte raison leurs subordonnés, qui avaient moins de prestige, eurent-ils à souffrir encore davantage des exigences et même des brutalités des troupes alliées. La réputation de ces soldats étrangers était si fâcheuse que certains sous-préfets à Meaux, Coulommiers, Fontainebleau et Château-Thierry s'enfuirent à leur approche[2]. D'autres, par ex. ceux de Pithiviers, Montmédy, Joigny, durent cesser par force leurs fonctions sur les injonctions des autorités ennemies[3]. On n'en trouve guère qu'un, celui de Senlis, qui ait réussi à mériter leurs éloges et à vivre en bon accord avec elles[4]. Mais la plupart eurent à subir les mêmes vexations que leurs supérieurs. A Compiègne et Pontoise ils sont menacés d'arrestation[5]. Dans le Loiret, le Loir et Cher, à Baugé, Vesoul, Mâcon, Bayeux, ils reçoivent chez eux des garnisaires ; celui de Belfort, pour la nourriture de trente-quatre hommes et d'un officier, supporte une dépense de 242 francs par jour ; celui de Sélestat, encore moins favorisé, est soumis à une double exécution, onze hommes d'une part, un major et une compagnie badoise de l'autre. Tout cela, parce que « ils sont bien

1. A.E., C.R., Maine et Loire, 22 et 28 août 1815 ; — A.N., F7 3735, bulletin du 28 août 1815 ; — cf. Gabory, *Les Bourbons et la Vendée*, p. 23-25 ; — Faye, *Les Prussiens en Touraine et en Anjou en 1815*, p. 240.

2. A.E., C.R., Seine et Marne, 12 juillet 1815 ; — *id.*, Aisne, 14 juillet 1815, Le sous-préfet de Fontainebleau ayant obéi à un « réquisitoire impératif » de l'intendant général prussien, le préfet comte de Plancy blâma son subordonné et fut approuvé par le gouvernement : A.E., C.R., Seine et Marne, 10-12 juillet 1815 ; — cf. Rigault, *op. cit.*, et Lioret, *1814-1815 à Moret.*

3. A.E., C.R., Yonne, 30 août 1815 ; Meuse, 8 septembre 1815 ; A.N., F7 3148, Loiret, lettre du juge d'instruction, 21 août 1815.

4. A.E., C.R., Oise, lettre de l'intendant prussien qui se félicite d'avoir un collaborateur aussi dévoué, 15 juillet 1815.

5. A.E., C.R., Oise, 7-12 août 1815 ; — *id.*, correspondance avec le ministère de l'Intérieur, 11 août 1815 ; — Wellington, *op. cit.*, T. 12, p. 556, 566, 567.

décidés à ne point servir d'agents passifs à l'autorité militaire »[1].

En plusieurs régions, celle-ci va même plus loin. Dans l'Eure, les sous-préfets de Pont-Audemer, Louviers et Bernay sont arrêtés du 25 août au 4 septembre. Dans les environs de Paris, les nouveaux sous-préfets de Meaux et de Fontainebleau sont enlevés avec plusieurs habitants[2]. Enfin dans le Nord, celui d'Avesnes, Prissette, soutient contre les Prussiens une lutte de tous les instants, qui lui vaut l'honneur d'être incarcéré, avec menace d'être transporté dans une forteresse sur les frontières de la Russie, mais en même temps le plaisir de rédiger, après sa libération le 8 septembre, une lettre curieuse dans laquelle il dévoile malicieusement les moyens employés par lui pour se jouer des autorités occupantes[3].

*
**

Parce qu'ils étaient uniquement des représentants du gouvernement et des administrateurs de territoires assez importants et étendus, les préfets et les sous-préfets furent relativements épargnés par les soldats alliés. Ils furent évidemment malmenés et eurent à subir de nombreuses vexations ; toutefois, un reste de respect fit qu'ils eurent, en somme, peu à souffrir de la présence de troupes étrangères, si l'on compare leur situation à celle d'autres personnages.

Il en va différemment pour les maires et cela pour diverses raisons. D'abord, ils sont bien plus nombreux; ils dirigent des

1. A.E., C.R., Haute Saône, 9 août ; Haut Rhin, 29 août ; Bas Rhin, 18 août ; Calvados, 25 août ; Saône et Loire, 1er septembre 1815 ; — A.E., *Mémoires et documents, fonds France*, T. 691, f° 317, bulletin du 22 août 1815 ; — A.G., 2e Restauration, correspondance militaire générale, bulletins des 22 août et 1er septembre 1815 ; — Gabory, *op. cit.*, p. 22.

2. A.E., C.R., Eure, 25 août — 4 septembre 1815 ; — A.G., 2e Restauration, correspondance militaire générale, lettre du préfet de Seine et Marne au ministre de la guerre, 15 juillet; et bulletin, 1er septembre 1815; — A.N. F7 3734 et 3786, bulletin du 15 juillet 1815 ; — *Moniteur Universel*, 19 octobre 1815, n° 292, p. 1148.

3. A.E., C.R., Nord, lettres du sous-préfet, 1er août au 11 septembre 1815 ; — Max Bruchet, *Revue du Nord*, T. 6 et 7, passim. ; — cf. Dupleix de Mézy, *Rapport....*, *id.*, T. 7.

communes, souvent rurales, peu importantes, où la surveillance des troupes étrangères ne s'exerce pas étroitement ; ils n'ont pas de force armée à leur disposition ; enfin, ce sont des habitants du pays même, égaux de leurs compatriotes et que rien ne distingue de ceux-ci. Par suite, si une troupe alliée, croyant, à tort ou à raison, avoir à se plaindre, n'obtient pas satisfaction du maire auquel elle s'est adressée, ce dernier court fatalement le risque d'être maltraité, ou menacé, selon les cas.

Un seul, parmi ces nombreux officiers municipaux, eut à se louer de la conduite des étrangers. A son arrivée à Montdidier le 14 novembre, nous raconte-t-on, le général Horn adressa au maire de Nantes, Du Fou, une lettre de remerciements pour les soins dont ses soldats avaient été l'objet, et le consul Pelloutier lui remit solennellement, le 27 janvier 1816, sur l'ordre du roi de Prusse, la croix de l'Aigle Rouge de 3e classe [1].

Mais, pour un exemple unique de bons rapports, combien allons-nous trouver de faits de mésentente ! Certains maires, pour se soustraire aux mauvais traitements et aux vexations sans nombre, donnent leur démission : il en est ainsi à Wissembourg où l'administrateur communal, ancien adjudant général retraité, est menacé de mauvais traitements par les Autrichiens [2]. D'autres trouvent plus prudent de prendre la fuite ; à Château-Thierry, toutes les autorités se sauvent ; le maire de Spincourt dans la Meuse, ne pouvant réunir une contribution de dix mille francs, demandée par les Prussiens, fait de même, et de nombreux officiers municipaux suivent cet exemple [3].

1. Libaudière, *op. cit.*, p. 58 ; — cf. de Trémaudan, note dans l'*Intermédiaire des chercheurs et des curieux*, T. 45, col. 422-423.

2. A.E., C.R., Nièvre, 1er août 1815 ; Seine et Marne, 9 août 1815 ; — A.G., 2e Restauration, correspondance militaire générale, rapport du lieutenant-général Dubreton, 15 novembre 1815.

3. A.E., C.R., Aisne, 13 juillet 1815 ; Meuse, commandant de Verdun au Ministre de la Guerre, 8 et 9 septembre 1815 ; A.E., *Mémoires et documents, fonds France*, T. 690, f° 31, lettre du préfet de la Seine, Chabrol, à Talleyrand, 20 juillet 1815 ; — A.N., F7 3786, bulletin du 11 août 1815.

D'autres, plus énergiques, préfèrent tenir tête aux envahisseurs, défendent résolument leurs concitoyens et résistent avec acharnement aux exigences de ces prétendus alliés. Le maire de Niort refuse de fournir des renseignements statistiques, sans ordres : « Nous sommes Français, dit-il, et nous ne devons, je pense, donner aucune connaissance de nos ressources ni de notre population aux étrangers. » Celui de Corquefou invite les Prussiens à quitter sa commune et à aller dans la commune voisine, sous prétexte qu'elle est plus riche que la sienne. A Neufchâtel, pour défendre le commandant français maltraité par des soldats, le maire n'hésite pas à tirer son épée. On trouve, d'ailleurs, un écho de cette résistance dans la correspondance de la Commission des Réquisitions ; l'Anglais Dunmore est peu satisfait de la conduite du maire de Boulogne-sur-Seine qui refuse « d'une manière peu convenable » de livrer des vivres pour les malades, et il prévient qu'il sévira contre lui [1].

Du reste, peut-on affirmer, presque tous les officiers municipaux furent l'objet de menaces de la part des autorités occupantes. Pour certains, fort heureusement, les choses n'allèrent pas plus loin ; pour d'autres, au contraire, il n'en fut pas de même. A Paris, le maire du XII$^{e}$ arrondissement fait parvenir une réquisition, réclamée sous menace de transport dans une forteresse prussienne; celui de Noyon reçoit de l'intendant prussien une lettre conçue en termes peu rassurants pour lui ; dans le Bas Rhin, l'officier municipal de Wissembourg est menacé de coups de canne, malgré « ses 84 ans, la croix de Saint-Louis, celle de la Légion d'Honneur, ses fonctions et ses qualités personnelles » ; enfin, beaucoup de certificats de bonne conduite, délivrés aux troupes malgré leurs excès réels, ont été exigés « le pistolet sous la gorge et le sabre levé » et les maires ont dû se soumettre à la force [2].

1. A.E., C.R., pièces relatives à l'armée anglaise, lettre de Dunmore à la Commission, 14 septembre 1815 ; — A.G., 2e Restauration, correspondance militaire générale, rapport de la 15e division militaire, 9 novembre 1815 ; — Gabory, *op. cit.*, p. 22.

2. A.E., C.R., Seine, 12 juillet ; Oise, 5 août ; Seine et Oise, 21 août ; Bas

Si, dans certaines communes, les menaces n'ont pas été mises à exécution, dans beaucoup d'autres elles ont été effectives. Un officier et vingt soldats prussiens resteront chez le maire de Laon jusqu'au paiement d'une contribution de 1.500.000 francs. Chez celui de Montbrison sont installés un officier à 20 francs par jour, six sous-officiers à 6 francs, cinquante soldats à 4 francs ; leur nombre sera doublé le lendemain et porté à deux cents hommes le surlendemain ! Enfin, le maire de Lyon, qui a reçu dès le 10 août vingt et un garnisaires, est, peu après, obligé d'en loger 183, et de leur fournir quotidiennement une solde de 2 francs par soldat, 6 francs par sous-officier et 50 francs pour l'officier. Il était moins bien traité que le préfet [1] !

Dans bien des cas, l'établissement de garnisaires chez les autorités ne fut qu'une étape dans les mesures de rigueur employées contre les récalcitrants. Les coups et les mauvais traitements suivaient tout aussitôt et fréquemment. Dans l'Aisne, les maires, ne pouvant fournir aux réquisitions, sont maltraités. L'adjoint de la Rivière-des-Corps, hameau à trois-quarts de lieue de Troyes, ne peut trouver des chevaux et des charretiers; il est aussitôt « arrêté, battu, attaché à une voiture comme un animal et emmené très loin ». Dans la Nièvre, les Alliés ont laissé de nombreuses traces de leur passage et, en particulier, ont fait subir aux officiers municipaux toutes sortes de mauvais traitements. « Le maire de Nevers, dit l'officier autrichien, est un mâtin, un c..., un voleur comme tous les Français », et la municipalité dut se terrer pour éviter les brutalités. De même dans le canton de Lorrez, en Seine et Marne, où les maires reçoivent des coups de bâton, sont mis à la torture et chargés de fers ; en Seine et

Rhin, 11 novembre ; Nord, 22 décembre 1815 ; — A.E., *Mémoires et documents, fonds France*, T. 705, f° 376 et sq.

1. A.E., C.R., correspondance avec le Conseil administratif, 18 août 1815 ; — *id.*, Loire, 4 septembre 1815 ; — id., Rhône, 12 et 16 août 1815 ; — A.E., *Mémoires et documents, fonds France*, T. 703, f° 36 v°, maire de Lyon à Ministre de l'Intérieur, 6 août 1815 ; — A.G., 2e Restauration, correspondance militaire générale, lettre du chevalier Moisez au Ministre de la Guerre, 7 septembre 1815.

Oise, celui de Fontenay-les-Louvres est battu, menacé d'être pendu et doit s'aliter; celui de Bailly reçoit 21 garnisaires, sans provocation, est roué de coups ainsi que sa femme et sa fille, et ceux de l'arrondissement de Rambouillet, au lieu de quittances de fournitures, sont gratifiés de coups de fouet. Dans de nombreux départements, des faits analogues sont signalés : Ille-et-Vilaine, Loire, Côte d'Or, Meurthe, Bas-Rhin, Aisne, sont parmi les plus malheureux et la terreur est telle qu'au préfet de Seine-et-Oise, leur demandant des rapports écrits, les maires refusent « obstinément d'en donner parce que les représentations faites d'après ces rapports n'ont eu pour résultat jusqu'à ce jour que de faire naître l'intention de se venger, lorsque l'occasion s'en présente, contre les communes [1]. »

Ces maires battus, maltraités de plusieurs façons, conservaient cependant leur liberté et n'étaient ni détenus, ni mis au secret. Mais, fort souvent, l'autorité occupante n'hésita pas à user de l'arrestation pour vaincre la résistance des administrateurs et des administrés, ou pour les forcer à payer les contributions exigées; il en est ainsi à Laon et Damvilliers, à Pont-sur-Yonne et Villeneuve-la-Guyarre, etc... Les Alliés ne se contentèrent pas de punir individuellement les récalcitrants; ils procédèrent par arrestations en masse. Les maires des villages de la région de Longwy, raconte le commandant supérieur de cette place, sont arrêtés « lorsqu'ils ne fournissent pas sur-le-champ ce qu'on leur demande »; de même

1. A.E., C.R., Aisne, 18 juillet, Eure, 19 août; Meurthe, 14 octobre; Nièvre, 1er août; Bas Rhin, 3 octobre; Seine et Oise, 14, 21, 29 août et 15 septembre 1815; — A.E., *Mémoires et documents, fonds France*, T. 691, f° 375-376, préfet de la Nièvre à Talleyrand, 12 août 1815; — A.G., 2e Restauration, correspondance militaire générale, bulletin de la correspondance ministérielle, 24 août 1815; *id.*, préfet de la Meurthe au Ministre de la Guerre, 17 octobre 1815; *id.*, rapport du lieutenant de gendarmerie Cosson au Ministre de la Guerre, 18 octobre 1815; *id.*, rapport de la 18e division militaire, 22 octobre 1815; *id.*, rapport du maréchal des logis de gendarmerie à Aubenton (Aisne), 1er décembre 1815; — Duminy, Notes..., dans *Bulletin de la Société Nivernaise*, p. 268 et 272; — Pougiat, *L'invasion dans le département de l'Aube*, p. 444; — Chorgnon, *op. cit.*, p. 241; — Rigault, *op. cit.*, p. 133, préfet de Seine et Marne à la Commission, 13 août 1815; — Vignols, *op. cit.*, p. 704 et 706.

dans le Loir et Cher, à cause de l'assassinat d'un soldat prussien. Dans la Haute Saône, au meurtre de quatre officiers autrichiens correspond l'incarcération de quatre maires; dans le Nord, c'est pour refus de réquisition que neuf sont mis en prison. Enfin, « par suite des exactions auxquelles sont exposés les habitants du département, de la part des troupes prussiennes, plus de quarante maires sont enlevés et détenus à Avesnes » en attendant leur transfert en Prusse[1].

Il y eut même des circonstances dans lesquelles l'exaspération des soldats étrangers alla jusqu'au meurtre. Les exemples sont rares, mais les motifs de ces assassinats méritent d'être retenus. Dans le Loiret, « des lanciers prussiens ont tué le maire de La Bissière, près Briare, et deux habitants, parce qu'on n'a pu leur fournir toute l'avoine qu'ils demandaient ». Le motif du second meurtre est encore plus futile : « le 13 octobre le maire de Cohours a été tué d'un coup de poing dans l'estomac par un capitaine autrichien parce qu'il n'avait pas de café à lui donner »[2].

L'administration municipale, plus directement en contact avec les troupes étrangères, moins imposante à leurs yeux, a donc subi des vexations nombreuses et graves. La réputation des soldats était épouvantable : à la seule nouvelle de leur arrivée, le maire de Saint Thibaut écrivait le 25 octobre au sous-préfet une lettre affolée dans laquelle il exprimait déjà la peur d'être battu; c'était pourtant un ancien officier de l'armée, qui avait montré son intrépidité sur les champs de bataille[3]. Dans le Calvados, on employa un moyen inattendu pour déjouer les projets des Prussiens : « Il a fallu mettre en prison le maire de Marolles pour le soustraire à leur justice

1. A.E., C.R., Aisne, 19 juillet et 7 septembre; Meuse, 31 juillet ; Nord, 17 septembre; Haute Saône, 24 août 1815; — A.E., C.R., papiers divers, Loir et Cher 23 août 1815; — *id.*, correspondance du Ministère de l'Intérieur, 25 juillet 1815 ; — A.G , 2e Restauration, correspondance militaire générale, commandant supérieur de Longwy au Ministre de la Guerre, 6 août 1815 ; — A.N., F7 3735, bulletin du 9 août 1815.

2. A.G., 2e Restauration, correspondance militaire générale, rapport de la 18e division militaire, 22 octobre 1815; — A.N., F7 3734 et 3786, bulletins de police des 16 et 17 juillet 1815.

3. Firino, *Soissons en 1815*, p. 213.

militaire ! »[1] Si celui-ci fut sauvé, un autre préféra la mort aux sévices constants que les Prussiens lui faisaient subir : « Monsieur Martin, maire de Pissone, vient de se suicider. Les menaces et les mauvais traitements, auxquels ce fonctionnaire s'est vu exposé depuis l'invasion des troupes étrangères, sont la principale cause de cet acte de désespoir »[2].

Les illégalités et les violences, commises par les Alliés contre la principale administration, départementale et communale, vont se retrouver dans les autres services, moins importants et disposant de moins de garanties.

1. A.N., F7 3786, bulletin de police du 11 août 1815.
2. A.N., F7 3786, bulletin de police du 16 septembre 1815.

## CHAPITRE VII

### LES ALLIÉS ET LES ADMINISTRATIONS FRANÇAISES (*suite*).

*2° Administration financière, judiciaire, etc....*

Si les représentants de l'administration départementale et communale furent victimes de vexations nombreuses, à plus forte raison ceux qui dirigeaient des administrations particulières se trouvèrent-ils exposés aux exigences et aux violences des étrangers.

En entrant en France, les Alliés eurent pour premier souci de se procurer de l'argent à bon compte et le plus possible. Ils trouvèrent ainsi en face d'eux les percepteurs et les receveurs particuliers ou généraux. Très rarement, ils usèrent de formes presque légales, en apposant des scellés ou en établissant des séquestres, sans toucher aux fonds [1]. Très rarement encore, devant le refus des agents français d'acquitter leurs mandats, ils se bornèrent à élever des protestations par l'intermédiaire du Conseil administratif et à demander seulement que le paiement fût effectué à Paris [2]. Mais, généralement, ils procédèrent d'une façon plus brutale, enlevant violemment les fonds et les emportant sans même donner un reçu. A cet égard, les documents sont d'une abon-

1. A. E., C. R., Moselle, préfet à Ministre des Finances, 29 novembre 1815 ; — A. G., 2e Restauration, correspondance militaire générale, extrait de la correspondance ministérielle, Aisne, 21 août 1815.

2. A. E., C. R., Correspondance avec les commissaires étrangers, 6 et 28 septembre 1815 ; — *id.*, papiers divers, 26 septembre, 10, 19, 26 octobre 1815.

dance telle qu'il faudrait citer à peu près tous les départements occupés par les armées alliées[1]. Il serait souhaitable de pouvoir fixer le montant total de ces enlèvements opérés par force chez les receveurs et percepteurs; mais il n'existe que des états tout à fait fragmentaires, dressés pendant l'année 1816, et encore, dans ces documents, s'agit-il à la fois de sommes d'argent et d'enlèvements de fournitures diverses. D'après l'un d'entre eux, manifestement inexact, ce total ne serait que de 57.868 fr. 03; d'après d'autres, plus étendus, mais encore incomplets, il dépasserait 407.000 fr. On constate que les prélèvements forcés ont varié, suivant les départements, entre 239.650 fr. 10 et 26 fr. 1[1]

Les Alliés, ne se bornant pas à s'emparer des fonds disponibles, exigèrent aussi la livraison des contributions régulières, leur versement « toutes les vingt-quatre heures » aux caisses militaires: tout cela devait être fait au nom de leurs souverains auxquels les receveurs étaient tenus de prêter serment[2]. Si les agents résistent, on les révoque et on les

1. Voir par ex. : A. E., C. R., correspondance avec les commissaires étrangers, 26 septembre 1815; *id.*, papiers divers, s. d.; *id.*, Correspondance avec l'administration des contributions directes, 3, 4, 5, 8, 11, 22 août 1815; *id.*, violation des caisses publiques, inventaire des pièces remises à la Commission; *id.*, Correspondance avec le Ministre de la Guerre, 13 septembre 1815; *id.*, Correspondance avec le directeur des postes, rapport adressé au Comte Beugnot, juillet; — A. E., C. R., Aisne, juillet; Ardennes, 18 et 20 août; Côte d'Or, juillet; Jura, 21 juillet; Maine et Loire, 10, 12 et 23 août; Manche, 20 et 22 août; Mayenne, 31 juillet et 9 août; Meurthe, 17 novembre; Mont Blanc, 8 et 13 août; Nièvre, 23 et 28 juillet; Nord, 28 juillet et 6 août; Rhône, 26 juillet et 5 août; Vosges, 3 septembre; Yonne, 13 juillet et 16 août; — A. E., *Mémoires et documents, fonds France,* T. 691, f[os] 35, 191, 236, 361; T. 703, f[os] 20, 21; T 705, f[o] 2; — A. G., 2e Restauration, correspondance militaire générale, lettre du 22 juillet et bulletin du 24 août; — A. N., F7 3148, lettre du préfet de la Nièvre, 29 juillet et 1er août; *id.*, 3735, bulletin du 16 août 1815.

2. A. E., C. R., Correspondance avec l'administration des contributions directes, états du 21 septembre; *id.*, Correspondance avec l'administration de l'enregistrement et domaine, deux états, s. d.; *id.*, violation des caisses publiques, état des sommes requises ou enlevées de vive force... (par armées) s. d.: états des 15 février et juillet 1816; — A. E., C. R., Sarthe, 6 septembre 1815.

3. A. E., C. R., Correspondance avec le Conseil administratif, note du 2 août; *id.*, Correspondance avec l'administration des contributions directes, 1er septembre; — A. E., C. R., Aisne, 16 août; Côtes du Nord, 5 août; Eure et Loir, 30 juillet; Finistère, 5 août; Nièvre, 24 juillet; Sarthe, 2 août; Vosges, pro-

remplace par des étrangers [1], ou bien on établit chez eux des « garnisaires » [2]. Ce sont là des mesures encore bénignes. Le plus souvent, les comptables sont menacés, arrêtés, forcés « le couteau sur la gorge de signer des billets à ordre » au profit d'intendants étrangers : sur l'un, on saisit les sommes qu'il transporte ; un autre est enlevé de son village, mis aux fers et dépouillé de tout ; un autre enfin perd encore davantage, « il est déshabillé complètement et laissé nu, sans chemise, au milieu du chemin ! » [3]

Entre les Alliés, les Autrichiens se distinguèrent par une ingéniosité extrême dans la volonté d'augmenter démesurément leurs ressources. Partout où ils en trouvaient, ils s'emparaient du papier timbré pour le revendre immédiatement aux habitants ou, plus tard, au gouvernement français. Ils employaient toutes sortes de moyens illégaux afin de se procurer ce papier si précieux et si rémunérateur ; n'allaient-ils pas, même, jusqu'à percer le mur du bureau de l'enregistrement ? L'abus fut tel que la Commission des réquisitions dut protester énergiquement, le 11 août 1815, auprès du Conseil administratif : « Le débit du papier timbré, dit-elle, ne doit se faire d'après nos lois, que par les agents de l'administration de

clamation bavaroise du 1er septembre ; — A. N., F 5 II, Mayenne 14, 9 novembre 1816.

Dans l'Eure et Loir, le préfet donne ordre aux comptables de tenir de doubles écritures : A. E., C. R., Eure et Loir, 25 juillet 1815.

Le texte du serment se trouve dans : A. E., C. R., Correspondance avec l'administration des contributions directes, Loiret, s. d. ; — cf. A. E., C. R., Isère, 25 juillet 1815.

En Saône et Loire, les percepteurs quittent leur poste en emportant les rôles : A. E., C.. Saône et Loire, 2 août 1815.

1. A. E., C. R., Yonne, 24 août 1815 ; — Boell, *op. cit.*, p. 46.

2. A. E., C. R., Sarthe, 30 août 1815 ; — A. N., F 7 3735, bulletin du 16 août 1815.

3. A. E., C. R.. Correspondance avec l'administration des contributions directes, Aube, 13 août, Loiret 29 août, Seine et Marne 16 août ; *id*, correspondance du directeur de l'enregistrement, 11 août ; *id.*, Papiers divers, lettre au directeur général des contributions indirectes, 23 août 1815 ; — A. E., C. R., Haute Saône, 13 octobre 1815 ; — A. N., F 7 3735, bulletin du 16 août 1815 ; — Rigault, *op. cit.*, p. 119.

l'enregistrement; des individus qui y sont étrangers ne peuvent être autorisés à faire le commerce de ces sortes de papiers. » Le Conseil administratif, reconnaissant la justice de cette réclamation, consentit à donner les ordres nécessaires pour réprimer ces illégalités [1].

Mêmes demandes extraordinaires à l'administration des contributions indirectes, en particulier pour les tabacs, dont la revente aux habitants devait procurer aux Alliés de sensibles profits pécuniaires. Ne pouvant, pour justifier leurs exigences, invoquer ce prétexte financier inacceptable, ils mirent en avant une raison, qui peut paraître bizarre à première vue, la santé de leurs troupes. Et en effet, Baldacci, représentant autrichien au Conseil administratif, n'hésite pas à écrire à la Commission française: « Le tabac à fumer est pour le soldat, et surtout pour le soldat autrichien, un besoin de première nécessité et qui appartient incontestablement à la classe des subsistances. Si on voulait prétendre qu'il ne peut être rangé parmi les aliments strictement dits, on ne peut disconvenir qu'il n'en tienne lieu jusqu'à un certain point, et au moins faudrait-il toujours l'admettre au rang des médicaments dont l'usage est indispensable dans les armées sous le rapport sanitaire. » En conséquence, il en demande d'un seul coup 400 quintaux [2].

Les soldats étrangers paraissent avoir eu un grand souci de leur santé si l'on en juge par le nombre d'entrepôts de tabac où les scellés furent placés et par celui des pillages commis [3].

1. A. E., C. R., Correspondance avec les commissaires étrangers, lettre du 11 août 1815; *id.* papiers divers, lettre du Conseil administratif, 15 août; *id.*, Correspondance avec l'administration de l'enregistrement, 22 juillet 1815; — A. E., C. R., Saône et Loire 14 août; — Boell, *op. cit.*, p. 46.

2. A. E., C. R., Papiers divers, lettre de Baldacci, 19 septembre 1815; *id.*, Correspondance du Conseil administratif, réponse de la C. R., 23 septembre 1815.

3. A. E., C. R., Correspondance avec l'administration de l'enregistrement, extraits du 3 au 11 août et du 16 au 29 août, Allier, Aube, Côte d'Or, Ille et Vilaine, Jura, Loire Inférieure, Loiret, Haute Marne, Nièvre, Orne, Haut Rhin, Rhône, Saône et Loire, Seine et Marne; *id.*, Correspondance du Ministre des Finances, lettre du directeur général des Contributions indirectes, 17 novembre 1815; — A. E., C. R., Allier, 23 août; Ardennes, 26 août; Côte d'Or, 27 juillet et 14 août; Meuse, 2 octobre; Rhône, 13 août; Saône et Loire,

Ils peuvent même augmenter leur solde, si elle était insuffisante, puisqu'ils vendent « le paquet de 5 hectogrammes au prix de 75 centimes à des gens qui sont continuellement dans leurs bivouacs ou dans leurs casernes. » Le gouvernement autrichien ne dédaigna pas lui aussi d'imiter cet exemple : ayant saisi pour 600.000 francs de tabacs, qui ne lui avaient rien coûté, il proposa à l'adminisiration française de les racheter pour 400.000. Quant aux Prussiens, dit le préfet des Ardennes, avant de partir « ils font enlever et charger sur des voitures et des bateaux tous les tabacs » du département[1].

De l'état dressé en 1816 par les soins du gouvernement français, il résulte que la consommation de ce produit par les Alliés a été excessive et que sa valeur s'est élevée à 1.837.676 fr. 80.

| | | | |
|---|---|---|---|
| Armée autrichienne.... | 931.694,30 | Armée wurtembergeoise. | 25.638,90 |
| » prussienne..... | 11.436,05 | » piémontaise...... | 2.653,60 |
| » bavaroise...... | 116.255,20 | Corps de diverses nations. | 2.723,20 |
| » russe.......... | 47.275,55 | Armée anglaise......... | Néant [2]. |

Après le tabac, le sel. Dans la Meurthe, le Russe Alopeus vend les quantités existantes au début du mois d'août: plus tard il admet « la reprise des fonctions des employés français dans les salines, mais seulement pour les quantités qui se fabriquent à dater de ce jour »[3]. Dans le Jura, à Montmorot et à Salins, les caisses « renfermant les droits sur les sels vendus au comptant » reçoivent la visite d'officiers autrichiens, accompagnés de fusiliers, et sont évidemment vidées à leur profit[4]. S'il s'agit des mines appartenant à l'Etat, dans le

16 août; Seine, 25 juillet 1815; — A. E., *Mémoires et documents, fonds France*, T. 691, f° 35, 10 juillet 1815.

1. A. E., C. R., Correspondance avec l'administration des contributions directes, Seine, s d.; — A. E., C. R., Ardennes, 26 août; Rhône, 13 août 1815.

2. A. E., C. R., Correspondance avec l'administration de l'enregistrement, Etat du 14 janvier 1816.

Pourquoi aucun chiffre n'est-il attribué à l'armée anglaise? L'état est-il incomplet ou les Anglais ont-ils fait venir le tabac de leur pays?

3. A. E., C. R., Correspondance avec l'administration des contributions directes, 5 août 1815.

4. A. E., C. R, Correspondance avec l'administration des contributions directes, 7, 8 août, 5 septembre 1815.

Nord-Est de la France, les Russes en prennent possession, « nomment de nouveaux employés à la place de ceux nommés par le Roi », enlèvent la houille et la vendent « à un prix inférieur à celui auquel ce combustible doit être mis en circulation pour couvrir le gouvernement de ses frais d'exploitation » ; le 28 septembre encore, ils refusaient de rendre l'administration aux agents [1]. L'exploitation des forêts s'opère concurremment avec celle de la houille. Pour avoir les mains libres, les Alliés ont d'abord procédé au désarmement des gardes forestiers ; puis, ils effectuent sans contrôle des coupes de bois, invoquant non seulement les besoins de leurs troupes pour le chauffage, mais encore la nécessité de resserrer le blocus des places fortes qu'ils assiègent, de construire des ponts, des magasins, etc... Ils se gardent bien de révéler qu'ils se livrent au commerce du bois comme de simples marchands. Ne conservant aucune mesure, ils commettent des dégâts considérables, en particulier dans la Nièvre, le Haut et le Bas Rhin, la Somme, les Ardennes, et ces dévastations sont telles que le conservateur des forêts d'Amiens en arrive à écrire : « Pour peu que l'état des choses dure encore, après les abatis extraordinaires faits dans les bois pour la mise en état de siège des places de guerre dans le département de l'Aisne, bientôt il ne restera plus qu'un parterre nu dans plusieurs parties [2]. »

Cette immixtion des Alliés dans les affaires du pays ne se

1. A. E., C. R., Correspondance avec les commissaires étrangers, 23 et 28 septembre ; *id.*, Correspondance de l'administration de l'enregistrement et des domaines, 10 septembre 1815; — A. E., C. R., Moselle, 18 septembre 1815.

2. A. E., C. R., Correspondance avec les commissaires étrangers, 19 août et 28 septembre 1815 ; *id*, correspondance du Conseil administratif, lettre de Baldacci, 3 octobre 1816 ; *id.*. Correspondance avec le Ministre des finances, 17 août, 5 et 19 septembre 1815 ; — A. E, C. R., Bas Rhin, 16 novembre 1815.

Les Alliés ne respectèrent même pas les forêts appartenant à des membres de la famille royale de France. Le duc d'Orléans, le futur Louis-Philippe Ier, adressa à Talleyrand de vives réclamations « au sujet des coupes de bois extrêmement considérables qui se font dans la forêt de Villers-Cotterets » et dans celle qu'il possédait dans le Loiret : sur cette affaire, voir A. E., *Mémoires et documents, fonds France*, T. 690 ou 691, passim.

borna pas à une main-mise sur les services qui fournissaient à la France la majeure partie de ses ressources ; elle s'étendit, peut-on dire, à toutes les autres administrations.

Au point de vue judiciaire, par exemple, se produisit le conflit inévitable, au sujet des attributions, que l'on constate toujours dans une guerre entre les autorités occupantes et celles du pays envahi. Auxquelles doit appartenir l'exercice de la justice et quelle législation suivre ? Autant qu'on en puisse juger par les rares documents qui existent, les Alliés ont beaucoup varié. Wellington tient seulement à ce que ses soldats soient jugés et punis selon les lois et par les autorités anglaises : mais, quand il s'agit de contestations entre habitants, il laisse toute liberté à la justice française [1]. Les Prussiens, au contraire, prétendent que tous les délits relèvent de leurs lois et que les tribunaux français sont tenus de rendre leurs arrêts au nom des puissances alliées. Ils vont même plus loin : ils s'emparent de la garde des prisons ; de leur propre autorité, ils en ouvrent les portes pour mettre en liberté des militaires français et des condamnés de droit commun. Rarement, ils consentent à organiser des commissions mixtes composées d'officiers de leur nation et de magistrats français. Plus rarement encore, ils se montrent tolérants et on ne trouve guère qu'un exemple de mansuétude, un officier prussien demandant une réduction de peine en faveur d'un habitant condamné pour insultes aux Alliés [2].

Si la justice leur en imposa peut-être quelque peu, par contre les conflits furent nombreux et violents avec les fonctionnaires chargés du maintien de l'ordre et de la légalité. L'écharpe officielle ne protège pas les commissaires de police, à qui les soldats étrangers jettent des pierres ou donnent des coups de sabre sur la figure [3]. Les Alliés ne veulent pas davantage des

1. Wellington, *op. cit.*, T. 12, p. 576, 30 juillet 1815.

2. A. E., C. R., Oise, 16 juillet 1815 ; — A. G., 2e Restauration, Correspondance militaire générale, lieutenant-général de Castries au Ministre de la guerre, 17 août ; général Maison au même, 6 et 9 octobre ; commandant supérieur de Rouen, 27 octobre 1815 ; Duminy, *op. cit.*, p. 265 ; — Faye, *op. cit.*, p. 237.

3. A. G., 2e Restauration, correspondance militaire générale, rapport du lieutenant-général Dubreton, 15 novembre 1815 ; — Pougiat, *op. cit.*, p. 443.

gendarmes ; ils les désarment, refusent de les reconnaître, les forcent à se réfugier dans les bois pour éviter d'être maltraités [1]. Ils sont surtout hostiles aux employés d'octroi et aux douaniers, qui s'efforcent d'empêcher la fraude et la contrebande. Ils prétendent interdire les visites et recherches faites dans leurs voitures : car, selon leurs mœurs et leurs usages, « ce procédé est outrageant pour un officier... Dès qu'un officier occupe une voiture, il importe fort peu qu'elle soit de louage ou non, il en dispose à son gré, il en est le maître ; dès lors, toute visite, tout recherche, à laquelle on la soumet, s'adresse à lui-même et devient une insulte. » D'ailleurs, ajoute Müffling, auteur de cette lettre, « n'est-il pas permis à Messieurs les officiers des troupes alliées de faire entrer dans la capitale tout ce que bon leur semble ? » Et en effet, les soldats de diverses nations obligent les employés d'octroi et la garde nationale à laisser passer sans opposition leurs marchandises de contrebande [2]. L'abus fut encore plus grave dans les régions-frontières. Là, les douaniers durent livrer de véritables combats contre les contrebandiers militaires ou civils, non sans dommages pour eux. Quelquefois même, pour faciliter ces opérations fructueuses, mais extra-légales, les Alliés s'opposèrent à la reprise de leur service par les douaniers ou n'y consentirent qu'à la condition que ces derniers ne fussent pas armés. D'ailleurs, ils se réservaient toujours la faculté de prescrire « main-levée pure et simple » moyennant « de légères rétributions ». Les agents du Roi étaient obligés de se soumettre : si des contrebandiers étaient arrêtés par eux, ils étaient mis en liberté par les étrangers [3].

1. A. E., C. R., Correspondance avec le Ministre de la Guerre, 4 août 1815 ; — A. E., C R., Eure et Loir, 26 juillet ; Mont Blanc, 1er septembre ; Oise, lieutenant de gendarmerie au général Maison, 19 juillet 1815, — A. G., 2e Restauration, correspondance militaire générale, lettres de divers, 21 juillet, 4, 22, 25 août, 3 septembre et 8 décembre 1815.

2. A. E , C. R., Correspondance de l'administration des contributions indirectes, 24 juillet 1815 ; — A. E , C. R., Seine, 26 juillet ; Mont Blanc, 1er septembre 1815 ; — A. G., 2e Restauration, correspondance militaire générale, bulletin du 1er septembre 1815.

3. De nombreux documents, sur la contrebande aux frontières, se trouvent aux A. E., *Mémoires et documents, fonds France,* T. 705. Pour des cas parti-

En effet, les bénéfices, réalisés par suite de la contrebande, furent tels que tout le monde s'y livra, au détriment de la discipline, comme le reconnaissait d'ailleurs justement Wellington : « Si une fois les officiers, écrit-il au prince d'Orange, commencent à faire du commerce (et observez bien que tout commerce par eux ne peut être que clandestin et de contrebande), adieu la discipline et l'honneur militaire, et il vaudrait mieux pour le roi votre père et pour l'Europe de les licencier tout de suite »[1]. C'était aussi au préjudice « des intérêts du Trésor royal en diminuant les recettes », et, à ce point de vue particulier, la Commission française des réquisitions protesta auprès du Conseil administratif contre « les entraves qu'éprouvent les agents des douanes » sur toute la frontière du Nord et aussi dans le département du Mont Blanc où « des contrebandiers armés ont apporté de vive force des grains, des farines, du tabac en carottes et en poudre[2]. » De véritables convois, composés de plusieurs voitures, escortés de militaires étrangers, pénètrent sur le territoire français, introduisant café, sel, eau-de-vie, rhum, etc .., et, si les préposés, inspecteurs ou douaniers, veulent accomplir leur devoir, ils sont arrêtés, garrottés et enfermés dans les prisons[3]. A toutes les plaintes qui lui sont adressées, le Conseil administratif se borne à répondre que des ordres seront donnés pour la recherche et la punition des coupables, que l'on ne trouve jamais[4].

De même, il opposa une fin de non-recevoir absolue aux protestations de la Commission française sur les entraves apportées au service des postes. Le comte Beugnot, qui en était le directeur général, a rédigé quotidiennement un rapport

culiers, voir A. E., C. R., Correspondance avec l'administration des douanes, 31 août et 11 octobre 1815 ; — A. E., C. R., Vosges, 23 octobre 1815 ; — A. G., 2e Restauration, correspondance militaire générale, lettres diverses des 5, 14 et 21 août 1815 ; — A. N., F 7 3735, bulletin du 11 août 1815.

1. Wellington, *op. cit.*, T. 12, p. 678-679, 2 novembre 1815.

2. A. E., C. R., Correspondance avec les commissaires étrangers, 7 septembre ; *id.*, réponse du Conseil administratif, 18 septembre et 24 octobre 1815.

3. A. E., C. R., Correspondance de l'administration des douanes, lettres des 28, 31 octobre, 16, 18, 30 novembre, 8 décembre 1815.

4. A. E., C. R., Correspondance du Conseil administratif, 4 novembre 1815.

pour les commissaires français. Les événements, qu'il relate de juillet à septembre 1815, se sont passés dans quarante deux départements. Ces actes sont de deux sortes : prises de possession des bureaux de poste, et arrestation des courriers [1].

Dès le mois de juillet, les Alliés s'emparent des bureaux pour surveiller les correspondances, ouvrir des lettres, des paquets, des journaux, saisir des fonds ; en d'autres termes, ils veulent exercer un contrôle complet. Rien n'est plus caractéristique que les instructions d'un officier autrichien à Vesoul : d'après ces ordres, « cet officier doit toujours être en station au bureau. Nulle dépêche ne peut en sortir sans avoir été vue par lui, et, de même, toute dépêche doit être ouverte en sa présence ; on ne peut également recevoir ni expédier une estafette, sans qu'il ait été présent au départ ou à la réception, et cela sous peine au directeur d'être puni » [2]. Il en fut de même partout et spécialement dans les départements occupés par les Prussiens [3].

Quant à la circulation des courriers, elle fut tout à fait irrégulière, soit pour des raisons d'ordre militaire, soit pour s'emparer de l'argent ou des objets précieux, soit pour prendre connaissance des dépêches adressées par le gouvernement français à ses divers agents dans les départements. La Commission des réquisition réclama à plusieurs reprises qu'il ne fût apporté aucun obstacle à la régularité du service postal ; elle regrettait, le 25 septembre encore, que les courriers soient « arrêtés sur les routes de Rouen, Caen, Brest, Nantes, Alençon, Laigle, Laval, Laon et Compiègne », que les direc-

1. A. E., C. R., Correspondance avec le directeur des postes, rapport adressé journellement par le directeur général des postes aux Commissaires du Roi.

2. A. E., C. R., Correspondance avec le directeur général des postes, lettre du directeur de Vesoul, 28 août 1815.

3. A. E., C. R., Correspondance avec les commissaires étrangers, 2, 6, et 25 septembre ; *id.*, réponse du Conseil administratif, 5 septembre ; *id.*, correspondance de l'administration de l'enregistrement et du domaine, 27 septembre ; *id.*, Correspondance du directeur général des postes, lettres ou rapports, 25 et 27 juillet, 5 août, 2 septembre 1815 ; — A. E., C. R., Aisne, 22 septembre ; Eure, 17 août 1815 ; — A. G., 2e Restauration, correspondance militaire générale, bulletin du 24 août, lettres des 31 juillet, 6 août, 22 et 25 septembre 1815.

teurs de Laon, de Laval, de Caen soient ou arrêtés, ou frappés, ou menacés d'être fusillés parce qu'ils tentent de résister aux officiers étrangers [1]. A cette note, le Conseil administratif répondit le 6 octobre que les mesures prises sont « des mesures de haute police ; d'ailleurs, le service de la poste est sous la protection des armées, d'après les soussignés... Les mesures extraordinaires... ne paraissent que comme une dérogation nécessaire et momentanée à l'état habituel des choses, elles ne sauraient donner lieu à aucune plainte fondée [2]. » En d'autres termes, les Alliés ne laissèrent pas plus de liberté aux agents du service postal qu'à ceux des autres administrations françaises [3].

***

Toutes les vexations, subies par les fonctionnaires royaux, quelque désagréables qu'elles fussent, ne soulevèrent pas l'indignation publique. On les regrettait simplement, on plaignait les victimes, mais là se bornait l'expression du sentiment général. Deux questions, au contraire, ont vraiment passionné les Français et ont ému profondément l'ensemble de la nation ; d'abord celle des places fortes, ensuite celle des objets d'art.

Lorsque Louis XVIII rentra en France, toutes les places fortes, sans exception, arboraient encore le drapeau tricolore, que certains gouverneurs remplacèrent par le drapeau blanc pour éviter un siège en règle. Une fois l'armistice signé, et Louis XVIII installé officieusement sur son trône, toutes les

1. A. E., C. R., Correspondance avec les commissaires étrangers, 25 septembre 1815.

2. A. E., C. R., Correspondance du Conseil administratif, réponse à la C. R., 6 octobre 1815.

3. A. E., C. R., Correspondance avec les commissaires étrangers, 27 août ; *id.*, correspondance avec le Ministre de l'Intérieur, 29 juillet ; *id.*, correspondance avec le Ministre de la Guerre, 11 et 20 août ; *id.*, correspondance du directeur général des postes, rapport journalier déjà cité et diverses lettres des directeurs des postes de province, notamment Attignies, 24 juillet ; Belfort, 12 août ; Baume-les-Dames, 12 et 13 août 1815 ; — A. G., 2e Restauration, correspondance militaire générale, lettres des 21 et 22 juillet, 15 et 16 août, 21 octobre et 15 novembre 1815 ; — A. N, F 7 3735, bulletin du 18 août 1815.

villes assiégées auraient dû immédiatement adopter les couleurs royales. Malgré les ordres formels du ministère de la Guerre, quelques places s'obstinèrent à garder le drapeau tricolore. Celles qui obéirent aux instructions ministérielles pouvaient espérer la tranquillité et la cessation de la contrainte exercée contre elles. Mais leur attente fut déçue. Qu'elles eussent le drapeau blanc ou le drapeau tricolore, elles furent indistinctement bloquées ; les Alliés, ne considérant pas le changement de pavillon comme une preuve de soumission véritable à la dynastie bourbonienne, voulurent quand même pénétrer dans ces villes. Beaucoup de commandants de place, qui défendaient le poste à eux confié par Napoléon, les uns au nom du Roi dont ils avaient pris les couleurs, les autres au nom de la France en conservant l'ancien étendard, refusèrent d'ouvrir les portes aux troupes coalisées. « Ils ne voulaient pas livrer le matériel dont elles étaient remplies et remettre ainsi entre les mains de l'étranger les plus précieux moyens de défense de l'état », ou bien encore, ils ne voulaient pas leur laisser prendre des gages qui leur permettraient plus tard de « nous imposer de plus dures conditions de paix [1] ».

D'un autre côté, les Alliés tenaient à ne pas laisser derrière eux ces places sans les avoir réduites. Pour n'avoir rien à craindre d'elles, ils adoptèrent dès le mois de juillet un modèle de capitulation, applicable à toutes celles qui se rendraient ; « L'on fera, dit leur note du 17 juillet, sortir desdites places les troupes et les gardes nationales départementales, le service n'y sera fait que par les gardes urbaines respectives, et il restera dans chacune des places un commissaire des puissances alliées pour s'entendre à l'amiable sur toutes les questions qui peuvent s'élever sur cet arrangement [2] ». Pour expliquer cette suspicion à l'égard des soldats et des comman-

1. Pasquier, *op. cit.*, T. 3, p. 352 ; — Vitrolles, *op. cit.*, T. 3, ch. v., p. 135 ; — cf. de Viel-Castel, *op. cit.*, T. 3, p. 460-461 ; — A. E., *Mémoires et documents, fonds France*, T. 690, f° 88, Ministres à Talleyrand, 2 août ; *id.*, f° 89, note, réponse de Talleyrand.

2. A. E., *Mémoires et documents, fonds France*, T. 690, f° 19, Ministres à Talleyrand, 17 juillet ; — cf. *id.*, f°s 16, 28, 35 et 43, notes des 14, 19, 21, 24 juillet 1815.

dants des places, ils invoquent que les garnisons sont surtout composées de gardes nationales et de troupes de ligne, soupçonnées de fidélité à l'usurpateur. Il déclarent donc ne pouvoir « pas lever le blocus ou arrêter l'attaque d'une place quelconque. jusqu'à ce que le gouverneur, les commandants et la garnison soient changés selon les mesures arrêtées pourchacune [1] ».

En réalité, ils voulaient occuper les places, en être les maîtres, sans contrôle aucun. Ainsi, ils refusent à des officiers français de les laisser pénétrer dans celles dont ils viennent d'être nommés commandants par le Roi; de même, refus de passeport « pour faire porter dans les places fortes de la deuxième division militaire » les ordres du jour du commandant supérieur de cette division [2]. Fait plus grave, les Alliés n'observent pas les clauses des capitulations: à Bitche, le licenciement ayant été opéré, l'officier dirigeant le siège « se refuse obstinément malgré l'armistice conclu à laisser sortir les bataillons licenciés de la place [3] ». D'autres demandent, avant de desserrer le blocus, qu'on leur fasse connaître la destination future des troupes de la garnison [4].

Ces exigences créèrent des difficultés très graves au gouvernement français. Selon la note de Talleyrand du 14 septembre, il devait aux gardes nationales et aux troupes de ligne des sommes considérables pour la solde; afin de pouvoir la payer régulièrement, il était obligé d'échelonner le licenciement. Mais celui-ci s'exécute, disait-il, « avec toute l'exac-

1. A. E., *Mémoires et documents*, *fonds France*, T. 690, f[os] 158-160, Ministres à Talleyrand, 18 août 1815; — cf. Gagern, T. 5, p. 181-183; — ou Angeberg, p. 1500, note du duc de Wellington, 18 août 1815.

Celui-ci, au mois de juillet, était pourtant d'avis contraire: « Pour ce qui regarde les places fortes de Bouchain, Douai et Valenciennes, et toute autre place qui pourrait arborer le drapeau blanc, écrit-il au prince d'Orange, Votre Altesse Royale aura la bonté de se considérer à l'égard de ces places en état de suspension d'hostilités. Vous ne ferez aucune demande d'y mettre garnison. » : Wellington, *op. cit*, T. 12, p. 560-561, 16 juillet 1815.

2. A. G., 2e Restauration, correspondance militaire générale, lettre de Bourmont au Ministre de la Guerre, 9 août 1815; *id.*, Dumonceau au même, 20 juillet 1815.

3. A. G., 2e Restauration, correspondance militaire générale, général Belliard au Ministre de la Guerre, 11 août 1815.

4. A. G., 2e Restauration, correspondance militaire générale, lieutenant-général Dubreton au Ministre de la Guerre, 19 septembre 1815.

titude possible et doit convaincre de plus en plus Leurs Excellences Messieurs les ministre des quatre cours de la confiance que le roi a mise dans leurs augustes souverains [1] ». Cette confiance était très mal placée, car les généraux étrangers profitèrent de ce qu'ils avaient la force pour dégarnir les places fortes où ils s'étaient installés. A Maubeuge, Landrecies, Avesnes, Philippeville, Longwy, etc..., ils enlèvent l'artillerie et tout le matériel et commencent des préparatifs pour faire sauter les fortifications [2], à Huningue, ils les démolissent, ainsi que les bâtiments militaires : « Il est plus, ajoute le maire : ils enlèvent des casernes et des pavillons les plaques de fer dans les cheminées et tout ce qui est en fer [3] ». A Montmédy, un autre officier allié, pour obtenir la capitulation de la ville, use d'un moyen de pression qui soulève contre lui la haine des habitants : il dévaste les villages de la région, en fait enlever tous les bestiaux et consentirait à les leur rendre « pourvu qu'ils puissent déterminer la garnison à accepter sa proposition [4] ».

Cette conduite, ces violences indisposèrent fatalement les Français. « L'exaspération est à son comble contre les Prussiens », écrit le commandant supérieur de Verdun, qui craint vers cette frontière « une catastrophe horrible » à la première résistance contre les envahisseurs ; « car on a la certitude qu'ils veulent ruiner entièrement ce pays [5] ». Le général Hugo s'indigne de la brutalité dont les ennemis font preuve contre Longwy, « place soumise au Roi », et il s'écrie : « Si Sa Majesté veut en donner l'ordre, de toutes parts on marchera et le siège sera bientôt levé [6] ».

1. Gagern, *op. cit.*, T. 5, p. 270-271 ; ou Angeberg, p. 1515, 1516.

2. A. E., *Mémoires et documents, fonds France*, T. 693, f° 112, Richelieu à Wellington, 16 octobre 1815.

3. A. E., *Mémoires et documents, fonds France*, T. 700, f° 26, maire au préfet du Haut Rhin, 11 novembre 1815.

4. A. G., 2e Restauration, correspondance militaire générale, général Hacke aux habitants et maires des villages situés près de Montmédy, 23 juillet 1815.

5. A. E., C R., Meuse, commandant supérieur de Verdun au ministre de la Guerre, 8 et 9 septembre 1815,

6. A. G., 2e Restauration, correspondance militaire générale, rapport du général Hugo, 10 septembre 1815.

Pour ce qui a trait aux villes bloquées et à certains sièges marquants, voir Houssaye, *op. cit.*, p. 498 et sq. *Un état des places de France qui ont été mises en*

*
**

Une exaspération encore plus grande fut produite par les réclamations des Alliés relatives aux objets d'art. En 1814, lors de la conclusion du premier traité de Paris, il n'en avait pas été question. Louis XVIII avait seulement promis au roi de Prusse la restitution des œuvres qu'il déclarait avoir été prises dans ses états par les Français. C'est en vertu de cette promesse verbale et imprudente que, en 1815, lors de la capitulation de Paris, Blücher refusa de laisser insérer dans le texte une réserve relative à ces objets d'art et, le surlendemain de son entrée dans la capitale, il ordonna d'enlever du Louvre toute une série de tableaux. Le récit de la lutte épique soutenue par Denon et Lavallée, directeur et secrétaire général du musée du Louvre, contre Blücher et Müffling, a été fait si complètement par Houssaye et A. Chuquet qu'il suffit d'en indiquer les résultats : malgré la résistance des agents français et tous les moyens qu'ils employèrent pour retarder l'enlèvement des œuvres d'art, il fallut céder à la force[1].

Le succès rapide et complet des Prussiens entraîna aussitôt d'autres réclamations, qui furent soutenues par les puissances. Le roi des Pays Bas s'adressa à l'Angleterre ; Hesse-Cassel, Brunswick, Mecklembourg Schwerin, Bavière se tournèrent vers la Prusse ; les Etats italiens, Venise, Sardaigne, Mantoue, Toscane, Pape, etc..., eurent recours à l'Autriche, qui réclama aussi pour elle-même ; l'Espagne, enfin, intervint pour son propre compte.

Le 15 août, Gagern, représentant du roi des Pays-Bas, remettait à Castlereagh une note sur les tableaux, estampes et

*état de siège* se trouve dans A. G., 2e Restauration, correspondance militaire générale, carton du 8 au 15 juillet 1815 : voir ci-après, appendice III.

1. Houssaye, *op. cit.*, p. 538 et sq., — Chuquet, *Les Prussiens et le Musée du Louvre en 1815*, p. 264 et sq. ; — Pertz, *Das Leben. . vom Stein*, p. 470-474.

Ces récits sont faits surtout d'après les pièces des A. E., *Mémoires et documents, fonds France*, T. 690 et 691 ; passim, du 8 au 12 juillet 1815 ; — cf. Pasquier, *op. cit*, T. 3, p. 427-428 ; — de Vaulabelle, *op. cit.*, T. 3, p. 372-375 ; — de Viel-Castel, *op. cit.*, T. 4, p. 63-72 ; — Sorel, *op. cit.*, p. 80-83 ; — Pradier-Fodéré, *Traité de droit international public*, T. 7, p. 985-1004, nos 3010-3012.

livres, dont il demandait la livraison rapide. Le surlendemain, les ministres des quatre cours réunis résolurent que « cette question des objets d'art devant être incessamment examinée dans son ensemble,... cette réclamation ne pourrait pas être décidée isolément ». Le 6 septembre commença la discussion sur les principes généraux, de façon à déterminer un accord[1]. Les instructions données par le prince-régent et le ministre lord Liverpool à Castlereagh et Wellington portèrent qu'il fallait obliger la France à restituer les objets d'art qu'ils considéraient comme le résultat d'un pillage méthodique des pays autrefois occupés par les Français. Conformément à ces instructions, le 11 septembre, Castlereagh adressa à Talleyrand une note pour justifier la demande de restitution. Louis XVIII, disait-il, a intérêt à se séparer « de ces souvenirs d'un système de guerre révolutionnaire », qui maintiennent en France le désir d'accroissements territoriaux : les garder, c'est « conserver une source d'animosité » entre elle et les autres nations ; de plus, ces trophées sont dus « à un système de pillage contraire aux lois actuelles de la guerre » et que la morale doit réprouver ; l'esprit public en Europe serait bien mieux établi si « le roi de France rendait hommage aux principes de vertu, de conciliation et de paix ».

Talleyrand répondit le 19 en distinguant entre l'origine des objets d'art. Parmi les pays auxquels la France a renoncé en 1814, il en existait qui lui appartenaient depuis fort longtemps ; dans ceux-là, elle a pu disposer légitimement des œuvres qui s'y trouvaient. D'autres ont été cédées régulièrement par des « traités solennels », en particulier celui de Tolentino conclu avec le Pape. Quant aux considérations morales développées par Castlereagh, Talleyrand pense qu'elles ne sont pas justes ; il ne craint pas d'affirmer que, bien plus qu'une cession territoriale, « celle des objets d'art serait peut-être plus fortement ressentie comme blessant plus vivement l'amour propre national[2] ».

1. Gagern, *op. cit.*, T. 5, p. 180 et 242 ; Angeberg, p. 1499 et 1509 ; — cf. Sorel, *op. cit.*, p. 83.

2. La note de Castlereagh et la réponse de Talleyrand se trouvent dans A. E., *Mémoires et documents*, *fonds France*, T. 691, f$^{os}$ 409-416, 417-423, (trad.).

Les objections du ministre français ne servirent de rien et, la décision des Alliés en faveur de la restitution étant prise, Wellington se chargea de l'appuyer militairement. Le Louvre fut occupé par les soldats prussiens, autrichiens, anglais, et, dès le 20 septembre, les enlèvements commencèrent, soit de la part des Hollandais, soit de la part des Italiens, pour se poursuivre pendant tout le mois d'octobre [1]. Avant cette prise de possession méthodique, le baron Denon évaluait à douze cents les tableaux qu'il avait déjà remis, sans compter « toutes les antiquités... et une immense quantité d'objets précieux ». Lorsqu'en 1816 on dressa un état complet, le chiffre s'éleva à 2065 tableaux, 130 statues, 150 bas-reliefs ou bustes, 289 bronzes, etc... [2] Les œuvres des plus grands peintres, Rembrandt, Rubens, Albert Dürer, Titien, Van Dyck, Ribera, Murillo, Vinci, Raphaël, Michel Ange, Corrège, Poussin, etc... furent enlevées au Louvre. De même, les plus belles sculptures antiques, Gladiateur mourant, Laocoon, Vénus du Capitole, Apollon du Belvédère, Vénus accroupie, Tireur d'épines, etc... repartirent pour l'Italie.

Peut être dans le total, donné par l'état de 1816, faut-il comprendre les enlèvements effectués non seulement au Louvre, mais dans d'autres musées de la capitale et des départements ; car les Alliés opérèrent aussi en province, exigeant et des tableaux et toutes sortes d'autres objets.

Le ministre de Hesse-Cassel réclame un Rubens qui appartient au musée de Caen. Au château de Compiègne, les Prussiens

425-426 ; — ou dans Angeberg, p. 1510-1514, 1520-1522 ; — ou dans Talleyrand, *op. cit.*, T. 3, p. 265-270. Voir aussi Castlereagh, *op. cit.*, 3e série, T. 3, p. 12-14 et 27.

1. Wellington a expliqué lui-même son attitude dans une très longue dépêche du 23 septembre ; elle est publiée dans Angeberg, p 1543-1546. ; — Talleyrand, *op. cit.*, T. 3, 273 ; — *Moniteur Universel*, 19 octobre 1815, n° 292, p. 1147-1148. Elle donne tous les détails sur l'affaire. Voir aussi Wellington, *op. cit.*, T. 12, p. 634-659 ; — Castlereagh, *op. cit.*, 3e série, T. 3, p. 39 ; — Gagern, *op. cit.*, T. 5, p. 273, ou Angeberg, p. 1514.

En ce qui concerne les Hollandais, Gagern raconte les incidents de l'enlèvement : Gagern, *op. cit.*, T. 5, p. 264-267 et 277.

A propos de Canova, qui est le représentant du Pape, voir A. E , *Mémoires et documents, fonds France*, T. 700, f° 2 et sq.

2. Voir ce tableau, extrait de A. N., O 3 1429, à l'appendice IV.

enlèvent cinq tableaux. Lyon, Dijon et Grenoble subissent aussi des pertes [1]. Mais en général, ce sont plutôt des ouvrages divers que les Alliés réclament hors Paris. En effet, ils ont consulté les catalogues « dont il n'a pas été possible de leur refuser la communication ». Lorsque les conditions préliminaires de la paix sont à peu près établies le 27 septembre, le ministre de l'Intérieur ordonne lui-même d'envoyer aux « commissaires des puissances alliées les catalogues, inventaires, journaux, et tous autres registres et documents, sans exception, propres à faciliter la recherche et la remise des objets de sciences et d'art apportés d'Allemagne par les armées françaises [2] ». C'est ainsi qu'à Rambouillet ils prennent des mémoires, des ouvrages historiques, des auteurs anciens; Grote réclame au nom du roi de Hanovre une soixantaine d'ouvrages de science ; Manner, pour le duc de Brunswick, une collection de manuscrits concernant l'histoire de la France et de l'Alsace (XVI$^{e}$-XVII$^{e}$ siècles), « collection précieuse dont Louis XIV a daigné faire cadeau à la bibliothèque de Wolfenbüttel ». Le Bavarois Thiersch demande la restitution de livres, manuscrits et estampes, enlevés autrefois par les commissaires français, et le baron d'Ottenfeldt, au nom de l'Empereur d'Autriche et des Etats italiens, agit de même [3].

Tous ont une prédilection pour les cartes et plans. Dès le 25 juillet, ils en enlèvent à Chartres ; à Rambouillet, c'est la carte du domaine, « monument d'autant plus précieux, écrit le sous-préfet, que Louis XVI y a travaillé lui-même et l'a enrichie de notes de sa main » ; à la bibliothèque de « Monsieur, dite de l'Arsenal », pénètrent par effraction des officiers prussiens, le 28 juillet, et ils s'emparent des cartes de Cassini, des plans des villes fortes, des mémoires manuscrits qui y sont relatifs [4].

1. A. G., 2$^{e}$ Restauration, correspondance militaire générale, général Thiébault, 8 octobre 1815 ; — A. N., F 21 574, et O 3 1431 ; — Gras, *Grenoble en 1814 1815*, p. 66.

2. A. N., O 3 1431, lettre du comte de Pradel, 24 juillet 1815 ; — *id.*, F 21 574, 27 se tembre et 21 novembre 1815.

3. A. N., O 3 2200 — F 21 574, 31 août, 16 septembre, 5 et 19 octobre 1815, etc...

4. A. E., C. R., Eure et Loir, 25 juillet ; Seine et Oise, 1$^{er}$ août 1815 ; — A. E.,

A Sèvres, dans l'espace de deux jours, les Prussiens font mettre en lieu sûr pour plus de six mille francs de porcelaines, pièces de services, écritoires ou pipes. Pour éviter un pillage, l'administrateur Brongniart est autorisé à traiter avec l'intendant prussien; il lui livre toutes les porcelaines relatives à l'histoire de Bonaparte, qui seront envoyées à Berlin, et il versera une somme de cinquante mille francs, en échange de quoi la manufacture sera garantie contre « toutes violences, vexations ou désordres [1] ». A Saint-Cloud, Blücher ne fait aucun choix : il prend ou ordonne de prendre indistinctement des tableaux, des serviettes, des pendules, des statues, des couvertures, des draps de lit, etc... A Meudon, ce sont (déjà !) les pendules artistiques qui attirent l'attention : il y en avait dix-sept, une est restée, neuf ont été renvoyées plus tard, sept ont été « perdues, valant 16.769 francs ». On va même jusqu'à réclamer au Museum « un corps desséché ou momie naturelle, qui avait été envoyé d'Aix-la-Chapelle lors de l'invasion de la Hollande par les Français [2] ».

Quand les étrangers n'ont pas l'intention d'emporter, ils brisent « les glaces, sans en excepter aucune, les chambranles en marbre » etc..., par ex. au château de Compiègne. Au Luxembourg, les Prussiens mettent en plusieurs morceaux une Vénus en marbre; on la raccommode « aux frais du Roi », elle est de nouveau brisée, et, aux observations qui leur sont faites, les auteurs de ce délit répondent « qu'ils casseraient encore bien d'autres statues [3] ».

Le 21 novembre 1815, dans une lettre à Dufresne Saint Léon, le ministre disait : « Après les premières difficultés levées et une fois que l'obligation de rendre a été reconnue, on y a procédé avec franchise, aucune réserve n'a été faite et les commissaires étrangers ont pu visiter et fouiller dans tous les dé-

*Mémoires et documents, fonds France*, T. 690, f° 137, ou T. 691, f° 287; — A. N., F 21 574, 25 juillet 1815.

1. A. N., O 3 1585bis, 19 juillet 1815; — Lechevalier-Chevignard, *Le rachat de la manufacture de Sèvres aux Alliés en 1815*, p. 247 et sq.

2. A. N., O 3 1877, états des objets...; — *id.*, F 21 574, 12 août 1815.

3. A. G., 2e Restauration, correspondance militaire générale, rapport au ministre de la Guerre, 26 août 1815; — A. N., O 3 1877, 6 août 1815.

pôts; c'est ce qu'ils ont fait aussi ». Il ajoutait: « Vous savez que nos établissements publics ont souffert considérablement par les restitutions qu'il a fallu faire aux Alliés [1] ». Il aurait pu dire aussi à son subordonné qu'elles soulevèrent une émotion considérable, reconnue par les Alliés eux-mêmes. Le premier octobre, l'ambassadeur d'Angleterre, ému par les manifestations qui avaient lieu, demandait en effet à insérer dans le Moniteur une note pour expliquer l'attitude de son gouvernement et essayer de dégager sa responsabilité [2]. Car ce sont les représentants anglais, et en particulier le duc de Wellington, que l'opinion publique accuse de s'être mis « à la tête de ceux qui voulaient dépouiller le musée [3] ». Castlereagh lui-même n'assurait-il pas à Gagern, en riant il est vrai: « Nous sommes pires et plus en horreur que les Prussiens », et Gagern, de son côté, n'ajoute-t-il pas: « Les Parisiens continuent de jurer et pester contre le duc de Wellington [4] ».

En effet, quand il avait appris le refus des ouvriers du musée du Louvre de participer à l'enlèvement des tableaux, le peuple de Paris avait applaudi; quand le Lion de Saint-Marc, sur la place des Invalides, était tombé de son piédestal par la

1. A. N., F 21 574, 21 novembre 1815.

2. Cette note est si curieuse, qu'il convient de la citer en entier d'après A. E., *Mémoires et documents, fonds France*, T. 700, f° 6.

« Nous sommes autorisés à rassurer nos lecteurs sur le bruit répandu, depuis quelques jours, qu'une partie des chefs-d'œuvre de l'art ancien et moderne, réunis au Louvre, allait être transportée en Angleterre et en d'autres pays étrangers, soit par le droit de conquête, soit par des arrangements diplomatiques. Ces bruits ne sont nullement fondés. Il n'est question que de restituer à leurs véritables propriétaires des articles qui leur ont été enlevés par la violence, et, par ce grand acte de justice publique, de faire respecter à jamais des droits qui dans l'Europe civilisée avaient toujours paru sacrés. Sous ce point de vue, on aime à se persuader que la partie éclairée de la nation, quels que soient ses regrets, trouvera d'amples motifs de consolation dans le rét blissement des principes du droit des gens et des nations, qui servent à les mettre à l'abri de ces spoliations dont il n'y a eu que trop d'exemples dans ces derniers temps et dont les Français eux-mêmes devraient être jaloux d'effacer les traces. Dans cette restitution, réclamée par les puissances alliées, tout ce qui n'avait point été enlevé de l'étranger et, par conquent, qui appartient à la France, ainsi que les monuments publics, quels qu'ils soient, ont été religieusement respectés »,

Le gouvernement français n'accepta pas l'insertion.

3. Talleyrand, *op. cit.*, T. 3., p. 236.

4. Gagern, *op. cit.*, T. 5, p. 264-267 et 277.

maladresse des Autrichiens et s'était brisé en mille morceaux, il avait poussé des cris de joie ; mais quand on enleva de l'Arc du Carrousel les chevaux « vénitiens », il pleura et lança des imprécations contre tous les ravisseurs sans distinction [1].

L'étude des faits relatifs aux rapports entre les diverses administrations françaises et les Alliés conduit donc à une seule conclusion : les Alliés n'ont pas respecté le gouvernement royal et l'ont entravé ; ils ont usé de l'illégalité et, en même temps, de la violence contre ses agents ; ils ont considéré les biens publics comme leur appartenant par droit de conquête ; ils n'ont tenu aucun compte des forces morales et ont heurté de front le sentiment populaire.

1. Gagern, *id.* ; — Chuquet, *op. cit.*, p. 279.

## CHAPITRE VIII

### RAPPORTS DES ALLIÉS AVEC LES BIENS PRIVÉS ET LES HABITANTS

La conduite des Alliés vis-à-vis des services administratifs fait prévoir celle qu'ils tinrent vis-à-vis des simples habitants. Il est certain, qu'en vertu des droits de la guerre, ceux-ci étaient soumis à la « demande de prestations déterminées, nécessaires à l'armée, faite sous la forme d'une invitation ou d'une sommation, et poursuivie par la force, s'il est nécessaire d'y recourir pour sa réalisation »[1]. Le droit de réquisition en effet n'a jamais été sérieusement contesté, et certains auteurs, comme Vattel, ont considéré que, régulièrement faite, la réquisition était destinée à garantir les biens du pillage[2]. Ils observent cependant qu'elle doit être exercée suivant les ressources du pays. En 1815, il n'en fut pas ainsi; les réquisitions n'eurent pas « toujours le caractère de nécessité et ne correspondirent pas aux seuls besoins indispensables de l'armée »[3]. Bien plus, les Alliés agirent à leur gré et mirent constamment en pratique le principe de « l'appropriation par l'occupant des biens des sujets ennemis »[4], de telle sorte que les habitants eurent à subir de terribles dommages dans leurs biens et, par contre-coup, de cruelles vexations dans leurs personnes.

C'est surtout à ce double point de vue que se sont placés les historiens qui ont étudié cette époque, en particulier Henri

1. Ferrand, *Des réquisitions militaires*, p. 3; — cf. Rücklin, *Les réquisitions militaires*.
2. Vattel, *op. cit.*, livre 3, chapitre 9, p. 136 ; — cf. Rücklin, *op. cit.*
3. Mougenot, *op. cit.*, p. 74 et 82.
4. Basdevant, *op. cit.*, p. 145-146.

Houssaye et, à sa suite, plusieurs érudits locaux [1]. Ils se sont bornés à des constatations et à des énumérations de faits : à cet égard, les renseignements qu'ils donnent sont très nombreux et il suffit de les compléter par des documents encore inédits. On peut ainsi étudier de quelles diverses façons les biens particuliers et les habitants ont eu à souffrir par suite de l'invasion.

*
**

Ce furent tout d'abord d'énormes réquisitions en argent que généraux et intendants des armées alliées imposèrent en masse, sans contrôle aucun, variables suivant leur caractère, ou, plutôt, suivant le degré de leur animosité contre la France : en tout cas, toutes ces premières réquisitions étaient, comme le reconnait la commission française dès le 15 juillet, « hors de proportion avec les ressources existantes réellement dans les pays » [2].

L'exemple le plus connu est celui de Blücher, prétendant frapper la ville de Paris d'une contribution de cent millions et obligé de s'incliner devant la résistance de Wellington, scandalisé de l'énormité de cette exigence [3]. Mais il en est bien d'autres ; car, à mesure qu'avancent les troupes, les réquisitions sont imposées sur la plupart des départements occupés, en particulier par les Autrichiens, les Prussiens et les Russes [4]. La lecture des documents conduit parfois à des constatations curieuses et même stupéfiantes. Ainsi, dans le département de l'Aisne, qui n'est pas d'une très grande richesse, les demandes se succèdent depuis le 29 juin jusqu'au début du mois d'août au point d'atteindre 1.400.000 francs. Le Loir et

1. En particulier Bruchet, Chorgnon, Duminy, Gabory, Gaffarel, Lioret, Pougiat, Rigault, Vignols, etc... ; voir la bibliographie.

2. A. E., C. R., correspondance avec les commissaires étrangers, 15 juillet 1815.

3. Voir Houssaye, *op. cit.*, p. 341-342.

4. Pour ne prendre que quelques chiffres entre une foule d'autres, 230.000 francs dans les Ardennes, deux millions dans l'Eure, trois millions et demi dans le Bas Rhin, etc. : A. E., C R., correspondance du Ministère de l'Intérieur et pièces relatives aux armées, 14 et 18 juillet et 2 août 1815.

Cher est occupé seulement dans la partie située au nord de la Loire, qui, normalement, fournit 930.000 francs de contributions : les Prussiens en réclament près de 1.200.000. De même, ils obligent, dans la Mayenne, les notables de Laval à voter, « sous l'empire de la frayeur », une contribution de plus d'un million [1].

Dans la Marne c'est bien pis, parce qu'il y a des troupes de diverses nations : les Russes y frappent une première réquisition de trois millions, puis une autre de deux cent mille francs ; la ville de Reims doit à elle seule verser aux Hessois trois cent mille francs et aux Russes quatre cent mille. Ceux-ci font preuve de la même avidité en Seine et Marne (quatre millions et demi) ; le préfet proteste, trouvant trop considérable la somme de 250.000 francs demandée à Fontainebleau, mais il proteste bien plus encore quand il apprend que les Bavarois exigent de la toute petite ville de Provins près de deux millions. Cette fois, la Commission française intervient elle-même auprès du chef de ces troupes, le prince de Wrède, et elle réussit à obtenir un sursis [2].

En Seine et Oise, dès le 3 juillet, l'intendant général prussien Ribbentrop fait paraître un arrêté pour que ce département paye « comme frais de guerre à l'armée prussienne la somme de deux millions de francs » et, suivant les habitudes de la bureaucratie de son pays, il énumère avec une précision et une minutie extrêmes les modalités de la levée de cette imposition en argent et d'autres en fournitures. D'ailleurs, cet intendant apparaît comme un fonctionnaire très ordonné, rédigeant rapports sur rapports et tenant une comptabilité parfaite ; dans son mémoire du 24 juillet, le plus curieux, il énumère ce qu'il a demandé aux « districts » occupés jusqu'alors

1. A. E., C. R., pièces relatives aux armées ; *id.*, Aisne ; — A. N., F7 3735, bulletin du 8 août 1815 ; — A. G., 2e Restauration, correspondance militaire générale, rapport du général Hamelingue, s. d.

2. A. E., C. R., Marne, 15, 16 juillet et 3 août 1815 ; *id.*, procès-verbaux des séances, 13 et 14 juillet ; *id.*, correspondance avec les commissaires étrangers, 15 juillet ; *id.* correspondance du Ministère de l'Intérieur, 15 et 27 juillet ; *id.* correspondance avec le Ministère de la Guerre, 18 juillet 1815 ; — A. N., F7 3734, bulletin du 13 juillet 1815.

par les troupes prussiennes (8.816.300 francs) et constate la faiblesse des paiements effectifs (1.260.000 francs) [1].

Il n'est pas jusqu'à des départements non occupés qui ne soient obligés de se soumettre, eux aussi, à des réquisitions en argent. Le Finistère, par exemple, est taxé à plus de cinq cent mille francs « pour l'entretien des troupes prussiennes », qui s'arrêteront d'ailleurs dans le département voisin [2].

Et ces réquisitions « sont exigées dans des délais dont la brièveté rend encore plus impossible l'exécution » [3]. On doit verser, quelquefois dans vingt-quatre ou quarante-huit heures, et sous menace d'exécution militaire, des sommes considérables. Pour réunir cet argent, il faut aussitôt désigner des citoyens qui, montrant « un grand dévouement à l'intérêt général », consentent à abandonner leur domicile pour courir dans les campagnes, y chercher « des ressources qui n'existent plus ou ne sont pas encore disponibles », sans pouvoir compter sur des maires « ou incapables ou terrorifiés » ou sur l'aménité « de chefs de détachements avec lesquels on ne discute pas. » Ces extraits d'une lettre du sous-préfet d'Autun montrent bien les difficultés pour les citoyens français de satisfaire rapidement aux exigences des Alliés [4].

Car ces derniers veulent de l'argent à tout prix, et leur désir est tel qu'ils cherchent à s'en procurer de toute façon. A cet égard, les Autrichiens, comme pour le papier timbré et le tabac, l'emportent sur les autres envahisseurs par leur habileté et leur ruse. Ayant cru savoir que, lors de son retour de l'Ile d'Elbe, Bonaparte avait, dans les départements de l'Ain, du Jura, de l'Isère et du Mont Blanc, fait « un appel de fonds

1. A. E., C. R., pièces relatives aux armées prussiennes, s. d. ; *id.*, Seine et Oise, co tribution extraordinaire, 6 juillet 1815 ; — A. E., *Mémoires et documents fonds France*, T. 690, f° 48, ou T. 691, f° 161, tableau des contributions... 24 juillet 1815.

La ville de Versailles protesta avec énergie et s'adressa directement au roi de Prusse : A. E., C. R., Seine et Oise, s. d.

2. A. E., C. R., Finistère, 14 septembre et 17 octobre 1815.

3. A. E., C. R., correspondance avec les commissaires étrangers, 15 juillet 1815 ; — cf. A. G., 2e Restauration, correspondance militaire générale, lettre du préfet de la Haute Saône, 12 juillet 1815.

4. A. E., C. R., Saône et Loire, 9 août 1815.

pour l'équipement des gardes nationales mobiles », ne s'avisent-ils pas de vouloir lever cet emprunt, qui n'a jamais existé? Bien plus, l'empressement excessif de leurs agents ne les pousse-t-il pas à se rendre chez « les contribuables pour les déterminer à verser entre leurs mains et à se libérer moyennant une remise de 30 0/0 »![1]

Les réquisitions en argent ne furent pas les seules que les habitants eurent à supporter. Les Alliés voulurent habiller, équiper et nourrir leurs armées aux frais de la population française. C'est même à cet égard qu'ils se montrèrent d'une exigence sans bornes. Les membres du Conseil administratif, en particulier l'anglais Dunmore et le prussien Altenstein, ne cessent en effet pendant plusieurs mois d'adresser à la Commission française de vifs reproches pour la non exécution de leurs demandes sur la quantité, la qualité des fournitures, etc... Ils menacent constamment de se passer du concours des Français et de procéder eux-mêmes par voie de réquisition. Mais cette correspondance prouve en même temps l'énormité des prestations réclamées par eux et l'impossibilité de les satisfaire dans les délais très courts fixés par les administrateurs alliés [2].

Les difficultés proviennent d'abord des retards apportés au « cantonnement » des armées envahissantes; de plus, leurs intendants arrêtent au passage les transports qui sont destinés à d'autres troupes que les leurs et gardent les vivres et objets malgré les saufs-conduits délivrés aux conducteurs. Aussi, la commission française se plaint-elle souvent que « les arrivages soient interceptés » et que « sur plusieurs points les denrées soient saisies. » [3] Elle essaye néanmoins de satisfaire aux

1. A. E., C. R., correspondance avec le Conseil administratif des Alliés, 4 et 5 août 1815; — A. N., F7 3786, bulletin du 11 août 1815.

2. A. E., C. R., Correspondance relative aux armées prussienne et anglaise, nombreuses lettres du 9 juillet au 19 octobre 1815. On trouve là, par exemple, le conflit survenu entre Dunmore et Vanlerberghe, commissaire général français pour les subsistances militaires à Paris.

3. A. E., C. R., Correspondance avec les commissaires étrangers, 15 et

demandes des alliés, les invitant seulement à modérer leurs exigences. Elle ne réussit guère; les étrangers les maintiennent toujours et pour toutes les fournitures. Choisissons quelques exemples.

Pour l'habillement de l'armée anglaise, comprenant environ 57.000 hommes, il faut 88.629 pantalons « en drap gris de bonne qualité », 177.261 chemises et autant de paires de souliers. De leur côté, les Autrichiens, qui occupent le département du Mont Blanc, ont, d'après le commissaire Baldacci, « le besoin le plus urgent » de pantalons et même de guêtres. Les Piémontais, avant de retourner chez eux au mois d'octobre, « exigèrent impérieusement surtout que la chaussure des soldats fût totalement raccommodée avant d'évacuer le pays. » Les Espagnols, en envahissant les Pyrénées Orientales, ont été poussés, eux aussi, par le désir de s'habiller et de se chausser aux frais des Français. A Château-Thierry, les Bavarois et les Prussiens demandent « 90.000 aunes de drap, 30.000 paires de souliers, 10.000 paires de bottes, 100.000 livres de cuir et 100.000 aunes de linge. » Dans la Meuse, l'intendant russe réquisitionne, pour une valeur de deux millions, les draps, les toiles, etc... A Lyon, enfin, « la chapellerie ne peut suffire aux fournitures qu'elle a ordre de livrer : il faut jusqu'à 80 peaux d'ours qu'on ne sait où trouver. »[1] Dans quel état les armées ennemies, dont la majeure partie n'avait pas eu à combattre, avaient-elles donc passé la frontière, puisque, pour toutes, leur habillement dut être « remis à neuf » en France?

*
**

Pour la nourriture, les dépenses incombant aux habitants furent peut-être encore plus grandes; car les troupes étran-

24 juillet; *id.*, correspondance avec les commissaires des subsistances, 17 juillet 1815.

1. A. E., C. R., correspondance du Conseil administratif, 29 août; *id.*, avec le Ministère de l'Intérieur, 14 et 18 juillet; *id.*, pièces relatives à l'armée anglaise, 31 août; — *id.*, Calvados, 5 août; Meuse, 15 juillet 1815; — A. N., F5 II, Var 19, rapport du 26 avril 1817; *id.*, F7 3735 et 3786, bulletins des 11 et 16 août 1815.

gères firent preuve d'un formidable appétit et exigèrent d'être nourries bien mieux assurément qu'elles ne l'étaient dans leurs pays respectifs. Il faut, d'après les commissaires, que le pain qui leur est destiné soit « de farine de froment pur, blutée au moins à 10 0/0 », et que la viande soit « saine, bien saignée et abattue la veille de la livraison, dans laquelle on ne comprendra ordinairement ni le cœur, ni le foie. » La ration journalière est fixée à deux livres de pain, une livre de viande, une bouteille de vin avec, en outre, du beurre, du riz et de l'eau-de-vie [1]. Ces réglements étaient raisonnables et destinés à régulariser le service des vivres; mais ils ne furent nullement respectés.

Ce sont les officiers qui donnent l'exemple. « Quoiqu'ils reçoivent les vivres de chez leurs hôtes », ils réclament une indemnité « pour frais de table » à la charge des habitants. Les généraux autrichiens et russes se contenteraient de 30 francs par jour, les officiers supérieurs de 20 francs, les capitaines de 10 francs et les bas-officiers de 6 francs; par contre, les officiers supérieurs prussiens voudraient 30 francs par jour et les autres 10 francs. La Commission française proteste vivement contre ces abus qui ne peuvent qu'augmenter les charges des populations, déjà si fortement éprouvées [2]. Peut-être les militaires étrangers trouvaient-ils insuffisante la nourriture qui leur était donnée. Cependant les documents prouvent qu'ils ne devaient pas mourir de faim, puisque certains ont « six plats pour déjeuner et à proportion pour dîner. » La boisson surtout les inquiète et les attire; dans la Nièvre, les

1. A. E., C. R., pièces relatives à l'armée anglaise, 9 juillet 1815 ; — Vaulabelle, *op. cit.*, T. 3, p. 376.

A titre de comparaison voici la ration journalière du soldat, fixée par l' « Article additionnel à la convention militaire », 20 novembre 1815 : 2 livres, poids de marc, de pain de méteil, ou 1 2/3 de farine, ou 1/16 de biscuit, — 1/4 de livre de gruau, ou 3/16 de riz, ou 1/2 de farine fine de froment, de pois ou lentilles, ou 1/2 de pommes de terre, carottes, navets et autres légumes frais, — 1/2 livre de viande fraîche ou 1/4 de lard, — 1/10 de litre d'eau de vie, ou 1/2 litre de vin, ou 1 litre de bière, — 1/30 de livre de sel : — Angeberg, p. 1611.

2. A. E., C. R., correspondance avec les commissaires étrangers, 19 et 21 août 1815.

Wurtembergeois « ne se contentent pas de six bouteilles de vin par jour » ; dans le Bas Rhin, les Hessois exigent « du Champagne, du Bourgogne et des liqueurs qui n'existent point ici. » Tous ces militaires s'invitent les uns les autres, et alors la consommation devient effrayante ; ils boivent « trois fois du café et plusieurs bouteilles d'eau-de-vie par jour » ; dans l'Eure, « un petit fabricant d'épingles, l'un des plus pauvres du département, est obligé de fournir 20 à 25 bouteilles de vin par jour à 4 francs l'une » ; dans les Ardennes, un général prussien parcourt le pays en tous sens, se fait nourrir « ainsi que sa suite » et réclame en outre 300 francs « chaque matin pour ce qu'il appelle ses frais de table » ; dans la Sarthe, un état-major, prussien encore, veut à sa disposition une table de 25 à 30 couverts et « en réjouissance de l'anniversaire de Sa Majesté le roi de Prusse, exige un banquet pour tous les officiers et soldats, un bal, une illumination générale ». Les Russes ne restent pas en arrière ; en l'espace de dix-neuf jours, le général Albieff occasionne dans la Meurthe une dépense de 11.728 fr. 90, et le préfet, effrayé, demande que l'on règle une fois pour toutes le traitement de la table et qu'on ne puisse « exiger rien au-delà de ce règlement. » Il est évident que ces dépenses somptuaires entraînèrent pour les habitants de lourdes charges Rien de plus caractéristique que la plainte du maire de Forest, dans le département du Nord, contre les Russes : « Nous avons un capitaine qui nous coûte, par ses dépenses excessives en vin et en viande, 18 francs par jour, et il n'est personne parmi les soldats qui ne coûte, en eau-de-vie seulement, cinquante sous aussi par jour, quand son malheureux hôte n'en gagne peut-être pas quinze. » [1]

Car les soldats ne peuvent qu'imiter leurs chefs. Pour eux aussi, la ration journalière a été fixée ; mais le tarif n'est jamais observé, comme le montrent les réclamations de nom-

1. A. E., C. R., Eure, 6 octobre ; Meurthe, 14 octobre ; Meuse, 8 décembre ; Sarthe, 2 août 1815 ; — A. E., *Mémoires et documents, fonds France*, T. 703, f° 161, v° ; T. 705, f° 294 ; T. 706, f° 75 ; T. 708, f°s 22 et 92 ; — A. G., 2e Restauration, correspondance militaire générale, Cayrol et Kersaint au ministre de la guerre, 14 août et 18 octobre 1815. — Voir aussi les ouvrages déjà cités de Gabory, Gaffarel, Duminy, etc...

breux préfets. Les soldats ne se contentent même pas des « doubles rations de vivres » qu'ils forcent les habitants à leur délivrer, mais ils font demander encore par les intendants des rations supplémentaires en « poivre, oignons, herbages, vinaigre, et... savon ! » La Commission française proteste-t-elle ? Le Conseil administratif répond simplement que l'on a caserné les soldats « pour éviter le logement chez les bourgeois et que cela mérite compensation » [1]. A Compiègne, l'inspecteur prussien ordonne la livraison immédiate de 140 vaches ; le maire, invoquant la pénurie du bétail, fait ironiquement remarquer que « l'appétit de monsieur l'inspecteur s'augmente à mesure qu'on l'alimente » [2]. Les soldats sont aussi friands des bons vins que leurs officiers. Les Wurtembergeois en boivent à Nevers huit à dix bouteilles par jour : leurs compatriotes installés à Autun sont encore plus affamés et assoiffés puisqu'en moins de trois heures « dix-sept grenadiers absorbèrent 150 bouteilles de vin, 50 livres de viande et du jambon à proportion. » A Senlis, des soldats de l'armée des Pays-Bas réclament « du vin de Bordeaux dans les ménages où il n'en est jamais entré » ; les Hanovriens font de même et leur commissaire, pour les satisfaire, au lieu de s'adresser à la municipalité, achète « neuf feuillettes de vin de Bourgogne » à un débitant qui reçoit, pour garantie du paiement, « un bon, nullement autorisé du chef compétent. » Enfin, les troupes cantonnées autour de Paris consomment en un mois 704.731 litres de vin, les Anglais entrant pour les deux tiers environ dans ce total [3].

Bien plus, ces soldats s'habituent « à se servir eux-mêmes et à faire abus de tout ». Ils enlèvent partout bœufs, vaches, moutons, soit pour les vendre, soit pour leur nourriture, et leurs déprédations sont telles que les « herbagers » des envi-

1. A. E., C. R., correspondance avec les commissaires étrangers et correspondance du Conseil administratif, 12, 21 août et 6 octobre 1815 ; *id.*, correspondance avec le Ministre de la guerre, 21 août 1815.

2. A. E., C. R., Oise, 13 juillet 1815.

3. A. E., C. R., Pièces relatives à l'armée anglaise, 11 septembre ; — A. E., C. R., Seine, 16 août ; Pas de Calais, 27 septembre 1815 ; — A. E., *Mémoires et documents, fonds France*, T. 691, f° 375 ; T. 705, f° 189 et 384 ; — Boëll, Duminy, Gabory, Gaffarel, etc... (nombreux détails dans ces ouvrages).

rons de Paris et de la Normandie n'osent plus faire sortir leurs bestiaux [1]. Comme on est au moment où s'effectuent les diverses récoltes, les soldats en profitent largement : à Dijon, les Autrichiens s'emparent des raisins et des pommes de terre et, dans le Var, les Piémontais y ajoutent les figues; dans les environs de Paris, c'est aux artichauts, aux fruits rouges et au jardinage que s'attaquent les Prussiens. Des hommes armés tentent même de s'emparer des « greniers d'abondance » où se trouvent enfermées des denrées en quantités considérables [2]. Dans la commune du Pecq, raconte le maire, des soldats prussiens ont pénétré chez un négociant, « chargé sur des voitures les vins de ses magasins et caves au nombre de cent pièces tant en vin de Beaune que de Bordeaux en supérieure qualité, plus de 1.200 bouteilles de vins de Lermitage, de Frontignan, de Grenache, de Roussillon et de Beaune, défoncé plusieurs pièces dont le vin coulait dans la rue et dans le ruisseau » [3].

Le gaspillage, en effet, est énorme. A Rambouillet, l'inspecteur prussien se transporte au magasin, goûte le vin et, sous prétexte qu'il est mauvais et rend malades ses compatriotes,

1. A. E., C. R., correspondance avec le ministère de l'Intérieur, 8 septembre 1815 ; *id.* Saône et Loire, 9 août; Seine et Marne, 29 juillet 1815 ; — A. G., 2e Restauration, correspondance militaire générale, 10 juillet 1815 ; — A. N., F5 II, Mayenne 15, rapport fait le 24 avril 1818 ; *id.* F7, Bulletin du 28 août 1815.

2. A. E., C. R., correspondance avec le Ministre de la police, 28 juillet 1815 ; — A. E., *Mémoires et documents, fonds France*, T. 703, f° 211 ; — A. G., 2e Restauration, correspondance militaire générale, bulletin du 15 septembre 1815 ; — A. N., F5 II, Var 19, rapport du 26 avril 1817 ; *id.*, F11 207 et 252, 3, 10 et 12 juillet 1815, et rapport du 24 décembre 1817.

Bien souvent, les soldats enlevaient les denrées pour les vendre à vil prix : au moment du départ, les gouvernements étrangers voulurent faire de même pour les approvisionnements qu'ils avaient accumulés dans certains magasins. De là, des protestations très vives du gouvernement français. Voir : A. E., C. R , correspondance avec le ministre de la guerre, 28 août ; *id.*, correspondance du ministre de la police, 16 août ; *id.*, pièces relatives à l'armée prussienne, 28 octobre et 3 novembre 1815 ; — A. E., C. R., Moselle, 10 octobre ; Seine, 25 juillet ; Seine et Oise, 17 août 1815 ; — A. E , *Mémoires et documents, fonds France*, T. 690, fos 170-173, et T. 702, fos 4-5 ; — A. N., F7 9699, avis du commissaire autrichien, 6 octobre et lettre de Chabrol au ministre de l'intérieur, 7 octobre 1815.

3. A. E., C. R., correspondance avec le ministre de la police, certificat du 15 juillet 1815.

le fait « jeter dans les ruisseaux » : le sous-préfet, lui, attribue avec plus de vraisemblance l'incommodité des soldats au fait « qu'au lieu de se contenter d'une ration, les plus sobres en boivent six et que d'autres en boivent jusqu'à douze » [1]. Les Bavarois, eux, ne veulent point du pain de munition : « ils le font manger à leurs chevaux, jettent leur viande aux chiens » [2]. On ne peut guère relever qu'un seul témoignage consolant qui contraste entièrement avec ceux que nous venons de rapporter. Un officier genévois raconte que la troupe, dont il faisait partie, a conservé une exacte discipline : « même dans les jardins, il n'a été pris aucun légume pour ne pas l'enlever aux pauvres gens de l'endroit » ; on a tout payé et l'aubergiste a été si étonné qu'il a « fait politesse de la goutte d'eau-de-vie ». Le narrateur ajoute, il est vrai, que « les Bernois, en un tour de main, ont tout fait disparaître ». Cette réflexion ne fait-elle pas douter de l'impartialité du témoin ? [3]

Le gaspillage n'était pas commis seulement par ceux dont la santé était excellente : il s'étendit encore, et d'une façon surprenante, dans le service des hôpitaux. Si l'on en croit les réclamations nombreuses du commissaire Dunmore, les officiers de santé anglais auraient constamment éprouvé des difficultés à se procurer les médicaments nécessaires. Mais pourquoi, réplique la Commission française, les Anglais, ne voulant pas beaucoup d'hommes dans un hôpital, ont-ils multiplié le nombre de ces établissements ? Pourquoi frappe-t-on « des réquisitions si considérables, tant en médicaments simples qu'en médicaments officinaux, que le temps manque pour la fabrication des uns et que, pour les autres, les approvisionnements de la pharmacie centrale sont sur le point d'être épuisés ? » [4] Les Autrichiens ne sont pas comme les Anglais : ils s'accommodent des hôpitaux, et si bien qu'ils en expulsent

1. A. E., C. R., Seine et Oise, 29 juillet 1815.
2. A. E., C. R, Meurthe, 30 décembre 1815 ; — A. G., 2e Restauration, correspondance militaire générale, 25 octobre 1815.
3. Gallot, *op. cit.*, p. 56 et 120.
4. A. E., C. R., correspondance du Conseil administratif et pièces relatives à l'armée anglaise, 17, 19 et 29 août, 14 et 17 septembre ; *id.*, Seine, 17 août et 22 septembre 1815.

les malades français pour « placer les leurs, qui ne sont pas encore arrivés », dit le préfet de la Haute Saône [1]. Mais c'est surtout dans le Bas Rhin qu'Autrichiens et Wurtembergeois rivalisent de soins. A Wissembourg, pour 205 malades, il y a 200 infirmiers ; à Haguenau la dépense mensuelle se monte à 20.000 francs. La suralimentation est à l'ordre du jour, puisque les médecins ordonnent « des soupes au vin, des omelettes, des pâtés allemands de toute sorte, du vin de Bordeaux, du café avec ou sans lait, du chocolat » et, si on évacue des soldats wurtembergeois, on veut qu'ils soient accompagnés non seulement de médicaments, mais encore « de toile de finette et de 80 bouteilles de Bourgogne ». Comment ne pas souscrire à cette réflexion du préfet : « Si l'on est disposé d'après la dépense de la cuisine à croire que tout ce monde se porte très bien, on doit les croire très malades à juger de ce que coûte la pharmacie » [2].

Et ainsi, comme le dira le ministre Lainé en 1817 dans un rapport au roi, « partout ces armées firent une consommation extraordinaire, qu'augmentait encore le gaspillage » [3]. La population subit des pertes d'autant plus considérables qu'elle fut soumise à l'arbitraire le plus complet et ne put se défendre. Si les paysans fauchent les luzernes et le foin ou moissonnent le blé et le seigle, ils travaillent souvent pour les soldats étrangers, qui leur enlèvent leurs récoltes toujours et les obligent parfois, « le sabre dans les reins et à grands coups de fouet, à porter sur leurs épaules le fourrage qu'on leur enlevait » [4]. Le baron Pasquier eut beau établir un projet pour empêcher ces malversations : rien n'y fit [5]. Bien plus, Wel-

1. A. E., C. R., correspondance avec le ministre de la guerre, 2 octobre 1815 ; *id.*, Haute Saône, même date.

2. A. E., C. R., Bas Rhin, 19, 28 et 29 octobre 1815.

3. A. N., F11 207, 24 décembre 1817.

4. A. E., C. R., Meuse, 2 septembre ; Oise, 22 juillet ; Seine, 25 juillet 1815 ; — Vaulabelle, *op. cit.*, T. 3, p. 490.

5. A. N., F11 263, lettre du 4 août 1815.

lington donna à ces abus une sorte de consécration officielle. Sous prétexte que l'administration française ne lui fournissait pas des quantités suffisantes de fourrage et d'avoine pour son armée, il en fit couper par ses troupes et ordonna de conduire les chevaux et les bestiaux dans les champs et les pâturages. L'« espérance des cultivateurs », suivant le mot de Chabrol, s'évanouit ainsi en quelques jours [1].

D'ailleurs, en bien des cas, ils n'auraient pas pu se livrer à la moisson. Ils sont en effet soumis à des réquisitions incessantes de voitures et de chevaux et pour les motifs les plus divers: tantôt il s'agit de transporter des denrées, tantôt les bagages des troupes étrangères, tantôt les soldats eux-mêmes; quelquefois ceux-ci s'emparent des voitures « pour des parties de plaisir ». Ainsi les cultivateurs sont retenus loin de chez eux pendant des semaïnes, bien heureux quand ils ne sont pas attachés « au piquet comme des animaux ». Dans le projet signalé ci-dessus, le baron Pasquier avait élaboré dès le 4 août un règlement minutieux et méthodique pour obvier à ces inconvénients: ce fut en pure perte [2].

On a dit: « Le plus souvent, les moyens de transport requis sans le concours de leurs propriétaires seront perdus pour eux ou considérablement endommagés » [3]. Rien n'a été plus exact en 1815. Les Piémontais en particulier, après la fuite de conducteurs maltraités par eux, se sont livrés au « plus injuste trafic » puisque « des voitures et des mulets de trait, ainsi délaissés, on été vendus à vil prix à des habitants du Piémont » [4]. D'autres se contentèrent simplement de chevaux. Soit pour la remonte de leur cavalerie, soit pour leur train

1. A. E., C. R., pièces relatives à l'armée anglaise, 7 septembre 1815; — *id.*, Seine, 29 juillet; Seine et Oise, 25 juillet 1815; — A. E, *Mémoires et documents, fonds France*, T. 690, f° 31, 20 juillet 1815; — A. G., 2e Restauration, correspondance militaire générale, rapport de Beauregard, 28 juillet 1815; — Wellington, *op. cit.*, T. 12, p. 592.

2. A. E., C. R., correspondance du Ministère de l'Intérieur, 28 juillet; *id*, pièces relatives à l'armée anglaise, 7 septembre 1815; — *id.*, Aisne, 18 juillet; Bas Rhin, 3 octobre; Eure, 16 septembre; Meuse, 6 décembre 1815; — A. N, F11 252-253, 24 juillet; 263, 4 août 1815; — Rigault, *op. cit.*, p. 73.

3. Ferrand, *op. cit.*, p. 15.

4. A. N., F5 II, Var 19, rapport du 25 avril 1817.

d'artillerie, soit aussi pour se procurer des bénéfices par une vente illicite, ils dépouillèrent parfois des départements entiers. Les Prussiens se distinguèrent à cet égard, en particulier dans l'Aisne, l'Oise, le Loiret, l'Orne, l'Eure et Loir et l'Eure [1]. Les Autrichiens firent plus; songeant à l'avenir plutôt qu'au présent, ils n'hésitèrent pas à enlever, à Auxerre, 160 étalons qui y avaient été réunis de différents dépôts [2].

Ces vols ne furent pas les seuls et les étrangers s'emparèrent, peut-on dire, de tout ce qui leur tomba sous la main. Qu'ils prennent des armes, du linge, des effets, qu'ils dépouillent les voyageurs des diligences, qu'ils ramassent des planches, des fers, du cuivre, etc..., tout cela passe encore; on le constate dans chaque guerre [3]. Mais à quoi bon emporter les registres de l'état-civil, « les instruments des musiciens de la garde nationale et la caisse du tambour de ville? » [4]. On comprend qu'un officier autrichien exige « un pot de chaise percée à peine d'exécution militaire », mais une « paire de pantoufles en maroquin! » [5] Le général prussien Thielmann, d'ailleurs,

1. A. E., C. R., correspondance du ministère de l'Intérieur, Loiret, 2 août 1815; *id.*, pièces relatives à l'armée anglaise, 24 août 1815; — *id.*, Aisne, 15 et 16 juillet; Eure, 24 et 25 août; Oise, 17 juillet; Orne, 12 août 1815; — A. E., *Mémoires et documents, fonds France*, T. 691, f° 317, 22 août 1815; — A. G., 2e Restauration, correspondance militaire générale, rapport Beauregard, 8-9 juillet et lettre du 21 septembre 1815; — Rigault, *op. cit.*, p. 125.

2. Sur cette affaire, qui a amené de vives protestations de la part du gouvernement français, voir : A. E., C. R., correspondance avec les commissaires étrangers, 22 août; *id.*, papiers divers, 22 août; *id.*, correspondance du ministère de l'Intérieur, 17, 18 et 19 juillet 1815; — *id.*, Yonne, 23 juillet 1815.

3. A. E., C. R., correspondance avec les commissaires étrangers, 2 septembre; *id.*, correspondance avec le ministère des affaires étrangères, 17 août 1815; — *id.* Seine et Marne, 11 octobre 1815; — A. E., *Mémoires et documents, fonds France*, T. 690, f° 132, 10 août; T. 691, f° 372, 8 septembre; T. 703, f° 9 et sq. — Surtout, voir les rapports des chefs militaires dans A. G., 2e Restauration, correspondance militaire générale, p. ex., 18 et 24 juillet, 5, 7 et 25 août, 15, 16, 19 et 30 septembre, 18 octobre 1815; — Wellington, *op. cit*, T. 12, p. 647 et sq.

4. A. E., C. R., Seine et Marne, 31 juillet 1815; — A. N., F7 3734, bulletin 15 juillet 1815.

5 Gaffarel, *op. cit.*, p. 298 et 302.

Les érudits locaux ont énuméré dans leurs ouvrages une masse de vols de diverses sortes. Quelquefois ils ont publié des textes; les plus curieux par les renseignements et aussi par l'orthographe sont les lettres écrites par le domestique Marin Rousseau, pub. p. Creste, *Souvenirs d'invasion en 1815*.

ne donnait-il pas l'exemple puisque, en partant de l'hôtel du maréchal Ney, où il logeait, il eut le soin de prendre les voitures, les chevaux et même les harnais placés dans les écuries? [1].

Si on leur résiste ou s'ils veulent faire disparaître les traces de leur pillage, les voleurs se transforment en incendiaires. Dans son voyage de Cambrai à Paris, Louis XVIII déjà put se rendre compte de la conduite de ses alliés et des dégâts qu'ils avaient commis dès leur entrée en France [2]. Quand on songe que cette invasion dura plus de deux mois, on peut, sans exagération aucune, affirmer que les alliés considérèrent les biens particuliers de la même façon que les biens publics et causèrent par leurs pillages la ruine des populations au milieu desquelles ils furent cantonnés.

Il est incontestable d'autre part que les habitants furent molestés de toutes façons dans leurs personnes. Sans doute Rousseau avait posé le principe « que la guerre est une relation d'état à état, dans laquelle les individus ne sont ennemis que comme soldats ». Sans doute encore, « le droit des gens ne permet pas que le droit de guerre et le droit de conquête, qui en dérive, s'étendent aux citoyens paisibles et sans armes » [3]. Ces principes ne furent nullement respectés; la lecture des ouvrages, qui traitent de l'occupation dans divers départements, en fournit des preuves innombrables. Si on y ajoute celles que donnent des documents encore inédits, on peut voir que les citoyens français eurent à subir, non seulement des vexations, mais encore de véritables attentats.

Tout d'abord, les étrangers tinrent à bien marquer la supériorité de leurs armes en humiliant les habitants le plus qu'ils purent. Ainsi, à Marle, hommes et femmes sont obligés de saluer les Prussiens: celui qui n'ôte pas son chapeau ou

1. de Vaulabelle, *op. cit.*, T. 3, p. 377.
2. Beugnot, *op. cit.*, p. 595-596 (scène de réalisme et d'attendrissement).
3. Rousseau, *Contrat Social*, I, ch. 4. — Ferrand, *op. cit.*, p. 2.

celle qui ne fait pas la révérence « sont traînés en prison et ensuite obligés de payer une rançon pour en sortir ». A Laon, pour aller sur la promenade, il faut obtenir une permission. Dans l'Eure, la femme d'un maire, une comtesse, est « forcée à nettoyer » les bottes des Prussiens. Une autre est obligée de couper les ongles à un officier. D'autres doivent, en grande toilette, balayer les allées de la promenade de Nevers [1].

Puis, ce sont des garnisaires mis chez les notables ou des prises d'otages : les Autrichiens, en partant de Nevers, en emmènent trois « chargés de fers » et les Wurtembergeois, qui viennent les remplacer, font de même. Quelquefois, on transporte ces otages hors de France, par exemple à Wesel [2]. Le plus souvent, ils sont maltraités et emprisonnés sous des prétextes futiles. Un « vénérable pasteur » veut-il défendre sa bonne? Il est jeté « en bas des escaliers ». Un ancien militaire décoré agit-il de même à l'égard de sa femme? Il est tenu pendant plus d'un mois en prison où il doit « subir les plus grandes humiliations ». Trois domestiques sont accusés d'avoir mis « du mercure dans une bouteille de bière » et quoique, dit le préfet de Seine et Oise, « le mercure (en nature de métal) ne puisse produire aucun mélange nuisible », ils sont emprisonnés [3].

Les coups pleuvent dru à n'importe quelle occasion et souvent jusqu'à la mort [4]. Le sous-préfet de Meaux constate :

1. A. E., C. R., correspondance avec le ministre de la guerre, 20 septembre ; — *id.*, Eure, 24 octobre 1815 ; — A. G., 2e Restauration, correspondance militaire générale, 20 septembre 1815 ; — voir Fourquemin, *Mémoires*, p. 28-29 ; — Vignols, *op. cit.*

Ces excès se prolongèrent même pendant l'occupation régulière ; voir en particulier la façon dont les Danois traitèrent la femme du maire de Douai, dans A. E., *Mémoires et documents, fonds France*, T. 705, f° 225 226, 20 mai 1817.

2. A.E., C.R., correspondance avec les commissaires étrangers, 14 juillet 1815 ; — *id.*, Oise, 21 août ; — A.E., *Mémoires et documents. fonds France*, T. 703, f° 36 v° ; — A.N., F7 3148, 4. 5 et 8 août, et 3735, 9 août 1815.

3. A.E , *Mémoires et documents*, *fonds France*, T. 691, f° 355, 2 septembre 1815 ; — A. G., 2e Restauration, correspondance militaire générale, rapport du 5 octobre 1815 ; — A N., BB18 950, 28 juillet 1815 ; — Lavollée, *op. cit.*, p. 446-447.

4. A.E., C R., correspondance avec le Ministre de la Guerre, 19 octobre 1815 ; — *id.* Bas Rhin, 3 octobre ; — A.E., *Mémoires et documents, fonds France*, T. 708, f° 16 et sq., 16 octobre 1815 ; — A.G , 2e Restauration, correspondance militaire générale, rapports des 19 et 27 octobre 1815.

« Les plus vils animaux ne sont pas traités comme le sont beaucoup d'habitants; un charcutier de Meaux est mourant de cinquante coups de fouet qui lui ont été appliqués on ne sait pour quel motif »; dans la Loire Inférieure, ce n'est plus un charcutier, c'est une femme âgée [1]. D'ailleurs, les coups de bâton ou de fouet constituent le moyen usuel employé par les alliés. A Nevers, deux femmes, dont l'une avait défendu ses maîtres et l'autre avait, « dit-on, jeté une pierre à un soldat », sont « fouettées avec une indécence et une brutalité sans exemple »; dans les environs de Saint-Lô, un paysan, qui est allé au secours d'une parente, est condamné à recevoir soixante coups de bâton et tombe au trentième [2]. En outre les Prussiens, qui semblent connaître l'histoire de France, usent des procédés chers à Louis XI; ils arrêtent des paysans qui se plaignent ou ont des altercations avec leurs soldats, leur font quitter le chapeau, la redingote et les souliers, et les enferment « dans une cage de bois, composée de barreaux présentant des angles très aigus et séparés les uns des autres d'environ deux pouces », où ils ne peuvent « ni se coucher, ni rester debout sans éprouver les plus vives douleurs » [3].

Les viols ne se comptent pas et les bulletins de police en relatent constamment. Mais les soldats étrangers font preuve d'une brutalité inouïe. Pour satisfaire leurs désirs, ils poursuivent les femmes les armes à la main, les attachent par les cheveux, les couvrent de blessures à coups de baïonnette ou de sabre, les mutilent horriblement, et puis leur volent leurs effets ou leur argent [4]. Il arrive même que les victimes soient

1. A. N., F7 3786, bulletin du 16 septembre, et 9701, bulletin d'octobre 1815.

2. A. E., C. R., Manche, 14 août; Nièvre, 12 août 1815; — A. E., *Mémoires et documents, fonds France*, T. 691, f° 375-376; — A. G., 2e Restauration, correspondance militaire générale, bulletin du 18 septembre; — A. N., F7 3786, bulletin du 17 septembre 1815.

3. A. G., 2e Restauration, correspondance militaire générale, bulletin du 14 septembre; — A. N., F7 3786, bulletin des 12 et 25 septembre 1815; — cf. Joubert, *Souvenirs de l'occupation prussienne en Maine et Loire*, p. 171 et sq.; — Gabory, *op. cit.*, p. 21.

4. A. E., C. R., correspondance avec le Ministre de la guerre, 30 août; — *id.*, Oise, 20 août; Seine et Oise, 29 août; Nord, 21 août; — A. E., *Mémoires et documents, fonds France*, T. 706, f° 98, 23 et 24 octobre 1815; — A. G.,

amenées devant des conseils militaires, qui leur donnent tort et leur infligent la peine de la prison [1]. L'âge importe peu à ces soudards; quand ils ne peuvent pas avoir la mère, ils prennent la fille, qu'elle ait six ou quatorze ans, sans se soucier des conséquences mortelles de leur acte; ils offrent à un aubergiste de ne pas commettre de sévices contre lui à condition qu'il leur amène « quatre jolies filles de quinze ans » [2]. La terreur est telle que, à Trappes, « vingt ménages ont abandonné le village » et que, d'Alençon à Mortagne, « toutes les femmes, pour se soustraire à leurs outrages [des Prussiens], sont réfugiées dans les bois » [3].

Les meurtres, les tentatives d'assassinat sont enfin d'une fréquence extrême. Les soldats étrangers frappent à coups de baïonnette leurs hôtes qui ne veulent pas satisfaire à leurs exigences. Si l'on ne peut fournir « ni pipe, ni tabac », on essuie des coups de pistolet; s'il s'agit du café et de l'eau-de-vie, on risque d'avoir « une partie du coude droit coupée d'un coup de sabre »; si l'on refuse de décharger une charrette, on est atteint d'une blessure très dangereuse dans le bas-ventre; si l'on intervient dans une altercation pour calmer les adversaires, on reçoit « un coup du tranchant de sabre sur la figure et un sur le bras gauche »; si enfin on tente de passer la Loire pour se soustraire aux violences, les Prussiens tirent sur les « barques transportant des familles éplorées » [4].

2e Restauration, correspondance militaire générale, 30 août, 15 septembre, 23 octobre, 4 décembre 1815; — A. N., F7 3735, bulletin du 18 août 1815.

1. A. E., C. R., Seine et Oise, 6 septembre 1815.

2. A. E., *Mémoires et documents, fonds France*, T. 708, f° 89; — A. N., F7 3148, 8 août 1815; — cf. Duminy, Pougiat, Houssaye, etc..., *op. cit.*

3. A. E., C. R., Seine et Oise, 31 août 1815; — A. N, F7 3786, 5 août 1815.

En novembre 1816, les Hanovriens se conduisent de la même façon dans le Nord, à tel point que, pour leur échapper, « les filles publiques demandent un refuge dans la prison »: A. E., *Mémoires et documents, fonds France*, T. 705, f° 269.

4. A. E., C. R., correspondance avec le préfet de police, 5 août 1815; — *id.*, Meuse, 24 novembre 1815; — A. E., *Mémoires et documents, fonds France*, T. 706, f° 11 v°, 14 août; — A. G., 2e Restauration, correspondance militaire générale, lettres et rapports, 22 juillet, 4 et 21 août, 8 novembre 1815.

Outre les bulletins conservés aux A. G. et A. N., de très nombreux rapports se trouvent dans A. E., *Mémoires et documents, fonds France*, T. 691, 700 et 705, *passim*; ce sont ceux que Houssaye a surtout utilisés.

*
**

« Si des Alliés se conduisent de cette manière, s'écrie le maire de Gretz, comment doivent se conduire des ennemis ![1] » Et en effet la population ne tarda pas à comprendre que les proclamations pacifiques, lancées par les Alliés au début de l'invasion, étaient mensongères. Beaucoup d'habitants essayèrent, dès le début, de se soustraire par la fuite aux malheurs qu'ils prévoyaient. Sans doute, lorsque Talleyrand écrit le 20 juillet aux ministres alliés que « le pays est désert », son exagération est évidente[2]. Mais, à mesure que l'invasion s'accentue, l'abandon des foyers augmente. Tantôt les habitants se réfugient et se cachent dans les bois, comme dans l'Eure et Loir, la Meuse, la Nièvre ; tantôt ils désertent de tous côtés comme dans l'Ain et dans la Saône et Loire. Dans les environs de Paris, cette émigration s'étend même aux villes, p. ex. Compiègne[3].

Ceux qui restent manifestent leur mécontentement. Sans cesse, les préfets parlent de leur désespoir et font prévoir que, si l'excitation continue, de graves dangers sont à craindre. La révolte est sur le point d'éclater, annonce-t-on de la Seine Inférieure. Dans le Calvados, les habitants cachent leurs fusils, attendant une occasion propice. La population de la Meurthe est exaspérée et difficilement contenue. Le sous-préfet de Fontainebleau écrit : « Il est un terme aux souffrances, où la mort est un bienfait ; mais, que les Alliés ne se méprennent pas, elle serait précédée de terribles vengeances[4] ».

1. Rigault, *op. cit.*, p. 83.
2. A. E., *Mémoires et documents, fonds France*, T. 690, f° 32, ou 691, f° 124.
3. A. E., C. R., Meuse, 23 août ; Saône et Loire, 1er août ; Seine et Oise, 31 août 1815 ; — A. E., *Mémoires et documents, fonds France*, T. 691, f° 154, 22 juillet ; T. 703, f° 20-21, 28 juillet 1815 ; — A. G., 2e Restauration, correspondance militaire générale, rapport du général Maison, 31 août 1815 ; — A. N., F5 II, Mayenne 15, rapport du préfet, 24 avril 1818 ; *id.*, F7 3735, bulletin du 28 août 1815.
4. A. E., C. R., Manche, 12 août ; Mayenne, 13 août ; Seine et Marne, 8 août ; Seine et Oise, 25 juillet 1815 ; — A. E., *Mémoires et documents, fonds France*,

La situation apparaît si dangereuse que les chefs militaires croient devoir prendre des précautions. Dès le 24 juillet, à Paris même, le gouverneur prussien Müffling fait paraître un ordre pour le rassemblement des troupes en cas d'émeute [1]. Mais c'est surtout dans l'ouest que les Prussiens se sentent menacés. A Nantes, ils sont accueillis par les cris de « Vive la nation, vive l'indépendance, à bas les royalistes, à bas les Prussiens ! ». A Laval, dès le 12 août, « on paraît s'observer réciproquement », et les paysans « ne sont pas d'un caractère à supporter l'exigence des soldats prussiens sans opposer de la résistance et peut-être même sans s'en venger ». A Chartes, les troupes du général Bülow restent sous les armes et des sentinelles sont placées « en haut de la tour de la cathédrale pour mieux observer ce qui peut se passer aux environs [2] ».

En effet, un peu partout, la résistance apparaît rapidement. Des rassemblements se forment, en particulier dans l'Yonne, et les Bavarois qui s'écartent de leurs corps sont impitoyablement tués ; des faits semblables ont lieu en Lorraine, en Alsace et dans les Vosges. Des rixes sanglantes éclatent un peu partout : à Paris, sur les boulevards et aux barrières, Français et étrangers se battent fréquemment ; près de La Flèche, des paysans engagent une vraie bataille contre les hussards prussiens ; à Bitche, il en est de même entre Russes et habitants ; dans la Meuse, le village d'Amel s'insurge contre des soldats et les force à déguerpir. Plus le temps avance, plus les faits de cette nature deviennent nombreux [3].

T. 693, f$^{os}$ 73-74, 20 septembre 1815 ; — A. G., 2$^e$ Restauration, correspondance militaire générale, bulletins et lettres des 1, 2 et 5 septembre, 18 octobre 1815 ; — A. N., F7 3148, 7 août ; *id.*, 3735, bulletins des 16 et 17 août.

1. Voir le texte dans Houssaye, p. 347-348.

2. A. E., C. R., Eure et Loir, 24 août ; Mayenne, 23 août 1815 ; — A. N., F7 3735, bulletins des 16 et 18 août 1815.

3. A. E., C. R., correspondance avec le préfet de police, 31 juillet 1815 ; — *id.*, Meuse, 11 octobre ; Sarthe, 9 août 1815 ; — A. E., *Mémoires et documents, fonds France*, T. 705, f° 11, 19 octobre ; — A. G., 2$^e$ Restauration, correspondance militaire générale, 10 juillet et 11 octobre 1815 ; — A. N., F7 3735, bulletin du 7 août 1815.

*
**

Au mois de juillet, Talleyrand, faisant allusion aux premiers mouvements, écrivait: « Cette résistance d'hommes isolés contre des corps de troupes ne paraît pas effrayante au premier moment ; elle peut cependant le devenir ». Quelques mois après, son successeur, le duc de Richelieu, confirme ces prévisions : « Si cet état de choses, dit-il à Castlereagh, devait encore durer, nous ne pourrions pas répondre qu'il n'arrivât des malheurs dont les suites sont incalculables[1]. » Le peuple français, en effet, exaspéré par les pertes effroyables qu'il subissait, et par les cruelles vexations endurées, était las de cette invasion et prêt à la révolte. Un simple maréchal des logis de gendarmerie traduit bien ce sentiment quand il s'écrie : « Tout le monde fait des vœux pour être délivré de semblables alliés[2] ».

1. A. E., *Mémoires et documents, fonds France*, T. 690, f° 32-33, ou T. 691 f° 124, 20 juillet : T. 700, f° 22, 26 octobre 1815.
2. A. E., C. R., Manche, 14 août 1815.

# CHAPITRE IX

## LA RESPONSABILITÉ DES ALLIÉS

La lecture du Moniteur et celle des certificats de bonne conduite [1], délivrés par les maires aux troupes étrangères, donnent l'illusion que celles-ci ont observé, pendant leur séjour en France, une attitude irréprochable. Mais qui ne sait que les nouvelles, rapportées par le journal officiel de l'époque, ne représentent pas souvent l'exacte réalité? Et, d'autre part, peut-on accorder quelque valeur aux attestations que les maires on dû délivrer trop souvent sous les menaces?

C'est bien l'impression qu'avaient déjà les contemporains. Sans doute Bourrienne, résumant les faits de l'invasion, se contente d'écrire d'une façon générale: « Il faut bien dire les choses comme elles sont : nos prétendus alliés se conduisirent alors en ennemis [2] ». Bien plus nombreux sont ceux, et non des moindres, qui se sont préoccupés, dès cette époque, non pas de mettre tous les alliés sur le même rang, mais de proportionner la responsabilité qui leur incombait. Le chancelier Pasquier écrit dans ses Mémoires : « Les plus grands excès étaient commis par les anciens alliés de la France impériale, par les Bavarois, les Wurtembergeois, les Badois. On doit cette justice aux Autrichiens que leur discipline fut constamment meilleure, qu'ils gardèrent beaucoup plus de ménagements et imitèrent en cela l'exemple des Anglais et des Russes [3] ».

1. On en trouve beaucoup pour les Wurtembergeois stationnés dans la Nièvre. — A.E. *Mémoires et documents, fonds France*, T. 705, f[os] 376 et sq.
2. Bourrienne, *op. cit.*, T. 5, p. 556.
3. Pasquier, *op. cit.*, T. 3, p. 344-345.

Le 31 août 1815, une Française mande à une Allemande que « les Anglais se conduisent admirablement, les Russes et les Autrichiens supportablement et les Prussiens abominablement[1] ». Bien plus, parmi les étrangers eux-mêmes, existe une impression semblable: Gentz, qui est le collaborateur indispensable de Metternich, ne recule pas devant cette constatation, pénible pourtant pour un Allemand : « Les Prussiens, les Bavarois et les Wurtembergeois poussent la chose jusqu'à l'extravagance ; d'autres observent un peu davantage les convenances extérieures, mais, en réalité, ils ne restent pas en arrière[2] ».

Les historiens, ensuite, ont reproduit les mêmes idées et les ont formulées sous forme de théorie générale. D'après de Vaulabelle, de Viel-Castel, Sorel et Houssaye, les Anglais et les Autrichiens auraient été les plus modérés des envahisseurs ; chez les Russes, la conduite aurait varié suivant la situation géographique des corps d'armée et l'origine des contingents ; les Prussiens n'auraient mis aucun frein à leurs déprédations ; les pires auraient été les Belges, les Hollandais, les Bavarois, les Badois, les Wurtembergeois, c'est-à-dire « les anciens sujets et confédérés de Napoléon », qui auraient voulu prendre leur revanche de la longue oppression à laquelle ils avaient été soumis par l'Empereur des Français.

Tout en remarquant que cette énumératien est loin d'être complète, on peut se demander si cette théorie est d'une exactitude parfaite et si la responsabilité doit être ainsi partagée.

En ce qui concerne les Anglais, il est indéniable que, pendant la durée de l'invasion, ils ont eu une conduite peu répréhensible, si l'on considère que, d'après eux, ils sont en pays ennemi. Les motifs les plus fréquents des plaintes sont

1. Cité par le commandant Weill, *op. cit.*, p. 94, Anonyme à la comtesse de Waldstein.
2. Lettre du 19 août, citée par Sorel, *op. cit.*, p. 79.

l'ivresse et le refus de payer les achats ; quelquefois, mais très rarement, ils se livrent à des actes de violences, p. ex. des attaques de diligences. Le maintien de la discipline est dû assurément à l'action énergique du duc de Wellington lui-même, qui, soldat honnête avant tout, a voulu éviter la désorganisation de son armée par l'indiscipline [1].

Sans doute, le commissaire général Dunmore a adressé constamment à la commission française des réclamations pour les fournitures de toutes sortes, et la vivacité de ses lettres pourrait faire croire à première vue qu'il était animé d'un esprit réellement hostile. En réalité, si d'un côté il prit avec tant de vivacité l'intérêt de sa nation, d'autre part il se montra toujours respectueux des conventions établies. La commission des réquitions le reconnaît elle-même : « les administrateurs de l'armée anglaise, dit-elle, ne se sont jamais immiscés dans l'administration du pays [2] » Dunmore gourmande vivement cette commission parce que, d'après lui, il appartient aux Français exclusivement de prendre toutes les mesures. C'est seulement à la dernière extrémité qu'il se résout à employer des moyens qu'il juge lui-même illégaux.

De même, Wellington a eu des relations correctes avec les autorités françaises, leur reconnaissant de la bonne volonté et des initiatives louables [3].

Tenus dans une discipline stricte, pourvus en général de tout ce qui leur était nécessaire, peut-être aussi par tempérament, les Anglais eurent même des rapports parfois cordiaux avec les Français ; p. ex. le préfet et le gouverneur militaire de Rouen vont au devant de ceux qui prennent leurs cantonnements dans le département au mois d'août et, trois semaines après, le préfet constate que leur conduite « est au-

1. Voir les rapports conservés aux A.G., 2e Restauration, correspondance militaire générale, passim.

2. A.E., C.R., correspondance avec les commissaires étrangers, 25 septembre 1815.

3. Voir, p. ex., Wellington, *op. cit.*, T. 12, p. 563-564, à propos du préfet de police.

dessus de tous éloges [1] ». Il en fut ainsi dans presque tout le secteur du Nord, où s'installèrent les Anglais.

L'armée de Wellington comprit, petit à petit, d'autres contingents. Ceux du Brunswick, des villes hanséatiques, établis au mois d'août, ne paraissent pas avoir donné lieu à des plaintes graves ; d'ailleurs, ils étaient peu nombreux et partirent immédiatement après la conclusion du second traité de Paris [2]. Pour les Hanovriens, nous n'avons guère de renseignements pour cette période ; mais, si l'on en juge par les excès qu'ils commirent en 1816, ils durent être l'année précédente des hôtes encombrants [3]. Les Danois, eux, arrivant à peine à la frontière au moment de la signature de la paix, ne donnèrent lieu à aucune plainte, pour l'instant du moins [4].

Le groupe le plus nombreux de ces auxiliaires était constitué par l'armée hollando-belge, commandée par le prince Frédéric d'Orange. Parmi les documents français, un seul est en faveur de ces troupes, lorsqu'elles sont cantonnées près de Paris, à Montmorency [5]. Tous les autres constatent que leur séjour prolongé dans la région du nord de la France a été marqué par toutes sortes d'excès, pillages, vols, mauvais traitements infligés aux habitants, attaques à main armée, etc... [6]. On pourrait estimer que, à cause de leur origine, ces documents sont empreints de partialité. Mais l'opinion du chef lui-même confirme, complète et aggrave leurs renseignements.

1. A.E., C.R., Seine Inférieure, 31 juillet, 2, 3 et 26 août 1815 ; — A.N., F7 3148, lettre du préfet, 2 août 1815 ; — cf. pour ces faits et d'autres, *Moniteur Universel*, 7 et 10 août, 19 septembre et 20 décembre 1815, nos 219, 222, 262 et 354, p. 880, 890, 1035, 1404.

La conduite des Anglais semble avoir changé pendant la période d'occupation régulière, après le traité, en 1816-1817 : A.E., *Mémoires et documents, fonds France*, T. 702, fos 150 et 382.

2. *Moniteur Universel*, 4 septembre et 22 décembre 1815, nos 247 et 356, p. 979 et 1411.

3. A.E., *Mémoires et documents, fonds France*, T. 705, fos 266-269, 20 septembre et novembre 1816.

4. Sur leur mauvaise conduite en 1816 et 1817, voir A.E., *Mémoires et documents, fonds France*, T. 705, fos 193, 199 et sq., 10 août 1816, janvier-février 1817.

5. A.E., C.R., Seine et Oise, lettre du préfet, 31 juillet 1815.

6. A.E., C R., Correspondance avec le Ministère de la Guerre, 28 août ; — *id.*, Nord, 21 et 25 août, 22 décembre ; — A.E. *Mémoires et documents, fonds France*, T. 705, f° 317, 29 novembre 1815.

C'est avec la plus grande sévérité, que Wellington leur reproche leur conduite dès leur entrée en France le 27 juin : « elle est si mauvaise qu'il est impossible de ne pas la remarquer et m'en plaindre », d'autant plus que ces soldats ont commis des vols « même dans le quartier général, la maison où je loge moi-même ». Dans cette armée, « qui s'est conduite comme des enfants pour ne rien dire de pis », les chefs n'accomplissent pas leur devoir et Wellington en arrive même à dire qu'il ne veut pas « commander de tels officiers[1] ». Que pourrait-on opposer à un semblable réquisitoire, si sincère et si indigné ?

A propos de l'armée russe, le Moniteur du 16 septembre proclame qu'elle « regarde les Français comme des amis et sa présence sur leur territoire comme un moyen de procurer au pouvoir légitime les facilités de réorganiser la nation »[2]. Ce n'est certes pas de cette façon que les soldats russes ont envisagé leur séjour en France. Leur conduite a été différente suivants les endroits où ils étaient logés et selon les circonstances.

D'après de nombreux renseignements, leur façon d'agir est correcte et sage ; on préfère les Russes à des troupes d'autres nations ; on reconnait que leurs chefs maintiennent la discipline et s'entendent avec les fonctionnaires royaux, en particulier dans l'Aube, la Marne, la Haute Marne, la Seine et Marne [3]. C'est même seulement en faveur des officiers russes que des manifestations d'une sympathie indéniable ont été faites. Ainsi le préfet de Châlons loue le colonel Adlerberg

1. Wellington, *op. cit.*, T. 12, p. 513-515, 562, 647, 685 et 686 ; — cf. de Viel-Castel, *op. cit.*, T. 3, p. 495.

2. Cité par Rigault, *op. cit.*, p. 225.

3. A.E., C.R., correspondance avec le ministre des Finances, 22 août ; *id.*, correspondance avec le directeur des postes, 5 août ; — *id.*, Marne, 26 septembre ; Seine et Marne, 2 août ; — A.G , 2e Restauration, correspondance militaire générale, bulletins du 23 au 31 août 1815 ; — abbé Sourdat, *Lettres sur Villiers en-Lieu*, (pour la Haute Marne) ; — cf. *Moniteur Universel*, 30 août 1815, n° 242, p. 962-963.

pour avoir rendu constamment des services au département soit par sa modération, soit en fournissant aux habitants des vivres prélevés sur les magasins russes. Le conseil municipal de Vassy, reconnaissant les efforts du chevalier Auvander, premier lieutenant, « pour l'allégement des maux qui pèsent sur nous », sollicite le Ministre de la Guerre de lui accorder la Légion d'honneur. Celui de Reims, dans une délibération longue et motivée, rend « témoignage authentique de son estime pour la personne de Monsieur le capitaine Jacobson », et déclare « qu'en quittant son poste, il emporte nos plus vifs regrets comme ceux de tous nos concitoyens ». Enfin celui d'Arcis-sur-Aube agit de même à l'égard du général Tchapliz, supplie Louis XVIII de remettre ce témoignage flatteur au tsar Alexandre I$^{er}$ et conclut qu'il sera « porté au registre des délibérations pour recommander à nos descendants la mémoire d'un général qui n'a rien négligé pour accroître les sentiments d'estime et d'amitié qui doivent unir les deux nations » [1].

Combien nombreuses sont les indications qui contredisent ces attestations favorables et en diminuent l'importance ! Tout d'abord, il faut mettre à part les troupes irrégulières, les Cosaques, pour qui rien n'a été sacré, et qui ont été, comme en 1814 d'ailleurs, la terreur des paysans [2]. Mais de graves excès ont été dûs aux troupes régulières même. On peut faire à cet égard deux constatations curieuses. En premier lieu, ces violences ont été commises dans les premiers temps de l'invasion et surtout dans les environs de Paris, dans le département de Seine et Marne où ces troupes ont été, pendant quelque temps, accumulées [3]. C'est ensuite dans des régions plus éloignées, et beaucoup plus tard, que les Russes soulèvent des réclamations nombreuses à cause de leur conduite [4]. Le lieutenant-colonel

1. A.E., C.R., Marne, lettre du préfet, 26 septembre 1815 ; — A.E., *Mémoires et documents, fonds France*, T. 691, f° 368 ; — A.G., 2e Restauration, correspondance militaire générale, 13 août et 7 octobre 1815.

2. A.E., C.R., correspondance avec le ministre des Finances, 22 août 1815.

3. A E., C.R., Seine et Marne, à partir du 14 juillet.

4. A.E., C.R., Bas Rhin, 22 septembre ; Meurthe, 7 octobre 1815 ; — A.E., *Mémoires et documents, fonds France*, T. 691, f° 317 ; T. 708, f° 51, 4 janvier 1816 ; — A.G., 2e Restauration, correspondance militaire générale, 11 et 17 octobre 1815.

de Brossard, envoyé en mission auprès de l'armée russe d'occupation, trace dans ces rapports un triste tableau de ces soldats, « ours muselés qui ne marchent sur deux pieds que quand le bâton est levé. »[1]

Cette opinion, semble-t-il, est bien celle qu'il faut adopter à l'égard des troupes russes. « Tant qu'elles ont été guidées par leur Empereur, remarque justement le procureur général de Nancy, elles ont observé une discipline sévère... de manière que ceux qui logeaient des Russes se trouvaient trop heureux » ; mais, ajoute-t-il, elles « sentent aujourd'hui que leur souverain est loin d'elles et elles sont si exigeantes que les esprits commencent à s'exaspérer. »[2].

*
**

Les appréciations sont différentes pour les Autrichiens comme pour les Russes. Sauf de rares exceptions, ils ne se sont pas livrés à des violences et à des brutalités contre les habitants. Mais ils se sont montrés d'une rapacité inouïe, considérant comme leur premier devoir d'exploiter à outrance le pays occupé et emportant tout ce qu'ils pouvaient, de façon à laisser derrière eux la ruine et la misère : ils ont exigé de l'argent, des fournitures de toutes sortes, en usant presque toujours de la menace, comme le prouve abondamment la correspondance de leurs commissaires successifs, Baldacci et Barbier, avec la Commission des réquisitions. A cela se sont ajoutées en outre d'autres irrégularités, la méconnaissance absolue des autorités françaises, les pillages méthodiquement organisés, etc..., et les exemples, que nous avons donnés dans les chapitres précédents, ont suffisamment caractérisé leur manière d'agir à la fois habile et forte[3].

D'autre part, l'influence des chefs militaires s'est exercée d'une façon plus indépendante que dans l'armée russe, par

1. A.G., Mission du lieutenant colonel de Brossard près l'armée russe d'occupation, 1815-1818.

2. A.E., *Mémoires et documents, fonds France,* T. 708, f° 29, 15 octobre 1815.

3. Voir les chapitres VI à VIII, passim.

exemple. L'empereur d'Autriche, François I^er^, personnage effacé et indifférent, ne ressemblant en rien au tsar Alexandre I^er^, se désintéressait des choses de l'armée, et son généralissime le prince Schwarzenberg n'avait pas assez d'énergie pour imposer sa volonté à ses subordonnés. Par suite, suivant le tempérament de ces derniers, les troupes ont une tenue correcte ou déplorable. Tandis que dans l'Ain le préfet reconnait la discipline de l'armée autrichienne, dans le département voisin, la Côte d'Or, Colloredo laisse au contraire toute liberté d'allure à ses soldats, donnant lui-même le premier l'exemple de l'intransigeance et de la brutalité, soulevant contre lui les plaintes du préfet Choiseul et de la population toute entière.

Si l'on tient compte d'un « *Résumé de la conduite des commandants autrichiens* », d'ailleurs incomplet[1], et des rapports envoyés par les préfets aux ministres de l'intérieur et de la police, on peut constater les faits suivants. A Bourg et à Lyon les Autrichiens ne commettent que quelques désordres « peu considérables et inséparables d'une grande réunion de troupes », ils maintiennent l'ordre et la tranquillité[2]. Dans le Var, ils sont bien disciplinés, sauf à Antibes, dont la résistance longue et vigoureuse les a exaspérés. Dans la Vaucluse, il n'y a pas de pertes notables, quelques dégâts seulement à l'occasion du campement des troupes, quelques dégradations : « mais, dit le préfet, il ne s'agit que d'environ six cent francs. »[3].

Par contre, dans les Bouches du Rhône, ce sont des ravages dans les campagnes et particulièrement à Aix. Tout en se louant des administrateurs civils autrichiens, le préfet du Gard déclare que les militaires n'ont pas fait preuve de beaucoup de « sollicitude » et que « leurs prétentions étaient sans bornes et leurs demandes sans mesure »[4]. Dans la région alpestre, ce sont des humiliations et des exigences « révoltan-

1. A.E., *Mémoires et documents, fonds France*, T. 691, f^os^ 164-165, 27 juillet 1815.
2. A.E., *Mémoires et documents, fonds France*, T 691, f° 154, 21 juillet 1815 ; — A.N., F7 3734 et 8970, bulletins des 10 et 14 juillet 1815.
3. A.E., C.R , Var, 17 août et 18 novembre ; Vaucluse, 18 octobre 1815.
4. A.E., C R., Bouches du Rhône, 7 septembre 1815 ; — A.N., F5 II, Gard 21, rapport imprimé du 6 juin 1816, p. 14.

tes », des exactions constantes, à Grenoble et dans le Mont Blanc[1]. Mais c'est dans les pays de la Saône et du Jura que les plaintes s'élèvent les plus nombreuses et les plus vives. Les départements du Doubs, de la Haute Saône, de la Saône et Loire et de la Côte d'Or comptent parmi les plus éprouvés : « les généraux autrichiens ne se prètent à rien de ce qui pourrait empêcher les excès que commettent leurs troupes » ; il y avait là Colloredo ![2].

A l'une de ces armées autrichiennes, celle d'Italie, étaient associés les Piémontais qui furent cantonnés dans les pays montagneux depuis le lac de Genève jusqu'à la mer. Peu nombreux, ils paraissent avoir été beaucoup plus accommodants que les Autrichiens. Mal nourris, ils s'emparent de figues et de raisins ; mal chaussés, ils font réparer leurs souliers ; fatigués, ils enlèvent quelques charrettes et leurs attelages pour se faire transporter et oublient de les rendre. En comparaison de ce qu'ont fait à côté d'eux les Autrichiens, tout cela apparaît comme bénin et comme le résultat « d'une grande modération »[3].

Dans la région du Jura, les Suisses coopérèrent avec les Autrichiens. Au début, ils envoyèrent 25.000 hommes, tirés de divers cantons. Le journal d'un officier genévois nous renseigne sur la mentalité de ces troupes : les préoccupations de la nourriture et la question des bons repas y tiennent la plus grande place. D'après l'auteur, le contingent de Genève se serait conduit d'une façon exemplaire ; celui de Berne se se-

1. A.N., F7 9130, rapport du préfet du Mont Blanc, 7 novembre 1815 ; — Gras, *op. cit.*, p. 64 et sq.

2. A.E., C.R., Doubs, 15 et 20 octobre 1815 ; — A.E., *Mémoires et documents, fonds France*, T. 691, f[os] 154-156, Haute Saône et Saône et Loire, 15 juillet ; — A.G., 2e Restauration, correspondance militaire générale, rapport du lieutenant-général Thiébault, 15 octobre ; — A.N., F7 3147 et 3148, 24 et 29 juillet 1815.

3. A.E., C.R., Hautes Alpes, lettre du Conseil général au Roi, août 1815 ; — A.N., F5 II, Var 19, rapport du 26 avril 1817 ; F7 9130, ra port du 7 novembre 1815 ; — Gras, *op. cit.*, p. 63-65 ; — cf. *Moniteur Universel*, 23 août 1815, n° 235, p. 935.

rait au contraire fait remarquer par ses vols et ses rapines[1].

Les documents ne font malheureusement aucune distinction et englobent dans la même réprobation toutes les troupes suisses; à Saint-Hippolyte, le sous-préfet trace un triste tableau de leurs exactions; à Gex et à Montbéliard, même conduite arbitraire et vexatoire; à Pontarlier, les habitants protestent contre les dévastations de toute espèce commises par elles[2].

Plus tard, il est vrai, le gouvernement suisse fit mettre en jugement « le sieur Schalk, commissaire des guerres helvétique », pour les dépradations qu'il avait commises, et cet « agent infidèle » fut condamné à une restitution « dont les frais ont absorbé la moitié », suivant le rapport du préfet du Doubs[3]. Malgré cet acte de justice tardive, qui confirme la mauvaise conduite des Suisses, on comprend les vives protestations des populations françaises du Jura contre le bruit, répandu par les envahisseurs, qu'elles désiraient leur union à la Confédération helvétique[4].

En envahissant le territoire français, les Espagnols furent poussés, non pas par des motifs politiques comme les Suisses, mais par des préoccupations exclusivement matérielles. Le gouvernement, bien qu'il ne se fût pas déclaré contre la France avant Waterloo, espérait, en faisant la guerre, toucher tout de même le million de livres sterling promis par l'Angleterre ; les généraux, de leur côté, commandant à des troupes qui n'étaient ni payées, ni habillées, ni équipées, ne demandaient pas mieux que de franchir les Pyrénées pour faire du butin, à l'exemple des autres alliés[5].

1. Voir chapitre VIII.

2. A.E., C.R., correspondance avec le Ministre de l'Intérieur, Doubs, 29 juillet; *id.*, correspondance avec le Ministre de la Guerre, 2 août; — *id.* Doubs, 19 juillet ; — A.G., 2e Restauration, correspondance militaire générale. Talleyrand au ministre de la guerre, 22 juillet ; — A.N., F7 3147 et 3148, préfet du Doubs, 24 et 29 juillet 1815.

3. A.N., F5 II, Doubs 24, préfet au ministre de l'Intérieur, 24 janvier 1817.

4. A.E., *Mémoires et documents, fonds France*, T. 691, f° 120, lettre du sous-préfet de Gex, 18 juillet 1815.

5. A.G., 2e Restauration, correspondance militaire générale, lettres du lieu-

Heureusement, cette invasion ne se prolongea que quelques jours ; les Espagnols frappèrent de nombreuses réquisitions et commencèrent à faire des approvisionnements ; d'après un rapport, « les personnes et les propriétés » furent « religieusement respectées »[1].

Le séjour en France de ces armées ayant été si bref, il serait téméraire de formuler une opinion ou sévère ou indulgente à leur égard.

*
**

L'embarras n'existe pas en ce qui concerne les troupes d'Allemagne. Saxons, Hessois, Badois, Bavarois, Wurtembergeois et Prussiens se sont comportés d'une façon uniforme. Sans doute, quelques-uns d'entre eux, les Wurtembergeois, se sont fait délivrer de nombreux certificats de bonne conduite ; mais que valent ces attestations, arrachées aux maires par la menace, surtout quand les faits les contredisent[2]. Sans doute encore, dans l'Allier, leurs troupes se sont montrées disciplinées et n'ont soulevé aucune plainte de la part des habitants[3] : ce sont là à peu près les seuls témoignages de satisfaction que l'on puisse trouver en faveur des contingents allemands.

En revanche, que de réclamations adressées par les préfets au gouvernement contre leurs multiples excès ! Car ici tout est réuni, refus de reconnaître l'autorité royale, enlèvements de ses représentants, vols et pillages effrénés, attentats contre les personnes et meurtres. Les troupes badoises « sont reconnues pour se livrer à ces excès avec plus de facilité qu'aucunes autres », dit le préfet du Bas Rhin. Les Bavarois ont organisé un tel régime de terreur dans le département de Seine et Marne qu'on y regrettait même les Prussiens et, lors-

tenant-général Ricard et du comte de Gramont, 25 août et 5 septembre 1815. — Voir chapitre IV.

1. A.N., F7 3786, bulletins des 7 et 8 septembre 1815.

2. On trouve de nombreux certificats dans A.E., *Mémoires et documents, fonds France*, T. 705, f° 376 et sq.

3. A.E., C.R., Allier, 18 et 20 août, 16 septembre 1815 ; — A.E., *Mémoires et documents, fonds France*, T. 705, f° 380, Decazes à Richelieu, 28 octobre 1815.

qu'ils le quittent, le préfet s'applaudit « comme administrateur » de n'avoir plus à en parler, mais s'afflige « comme Français » en pensant aux souffrances que d'autres populations vont supporter. Les Wutembergeois enfin, s'ils ont eu une attitude correcte dans l'Allier, ont commis des excès épouvantables dans la Nièvre et c'est peut-être là que l'on constate les cruautés les plus odieuses [1],

Le plus souvent, les contemporains n'ont pas fait de distinction, à propos des violences, entre les troupes allemandes et ils se sont contentés de parler des excès des Prussiens. Est-ce parce que tous les contingents allemands étaient sous la direction du généralissime Blücher? Ou bien les Prussiens ont-ils réellement dépassé en violences et en crimes leurs compatriotes d'outre-Rhin?

D'après les Mémoires de Talleyrand, de Pasquier, de Vitrolles et de Bourrienne, ils auraient, « pleins d'une fureur qu'ils n'avaient pu assouvir l'année précédente », donné l'exemple des désordres et des déprédations [2]. Les documents des Alliés eux-mêmes corroborent l'opinion française et la renforcent singulièrement. Pour Nesselrode, « les Prussiens se conduisent d'une manière inconcevable »; le tsar Alexandre déclare à Stein que l'armée de son pays « souille et profane la grande et belle cause des Alliés par la vengeance, les mauvais traitements et les violences de ses soldats. [3] » Les Anglais sont encore plus durs : dès le 8 juillet, pour Castlereagh, « la difficulté

1. *Hessois :* voir A.E., C.R., Haute Marne, 7 novembre; — A.E., *Mémoires et documents, fonds France,* T. 691, f° 317. — *Badois* : A.E., C.R., Bas Rhin, 3 et 6 octobre 1815. — *Bavarois* : A.E., C.R., correspondance avec l'administration des contributions directes, extraits des 22 août et 5 septembre 1815; *id.*, Seine et Marne, juillet-août; — A.E. *Mémoires et documents, fonds France.* T. 691, f° 156; — A.G., 2e Restauration, correspondance militaire générale, bulletins du 23 au 31 août; — Rigault, *op. cit.*, passim. — *Wurtembergeois*; A.E., *Mémoires et documents, fonds France,* T. 691, f°s 375-376; T. 705, f°s 364 et sq., 12 août 1815; — A.G., 2e Restauration, correspondance militaire générale, bulletin du 24 août 1815.

2. Talleyrand, *op. cit.*, T. 3, p. 235; — Pasquier, *op. cit.*, T. 3, p. 343; — Vitrolles, *op. cit.*, T. 3, ch. 5, p. 139; — cf. de Viel-Castel, *op. cit.*, T. 3, p. 449-450. Bourrienne émaille son opinion de détails pittoresques : *op. cit.*, T. 5, p. 544 et 561.

3. Commandant Weil, *op cit.*, p. 87; — Sorel, *op. cit.*, p. 111-112; ou *l'Europe et la Révolution française,* T. 8, p. 476.

est de faire garder quelque mesure aux Prussiens et à Blücher » et, le 7 août, Wellington dit crûment « qu'ils ressemblent à des gens qui, ayant pris un gâteau, veulent à la fois le garder et le manger. »[1] Metternich, lui, est choqué de la façon cavalière dont Blucher et son état major se sont installés dans le château de Saint-Cloud, et une désapprobation complète de leur conduite perce sous son récit pittoresque et d'une correction toute diplomatique[2]. L'allemand Gagern, lui-même avoue que les plaintes contre les Prussiens deviennent de plus en plus nombreuses, aggravent le mécontentement, « et que le maréchal Blücher court des risques » de tomber en disgrâce[3]. Le généralissime prussien, en effet, non seulement ne réprimait aucun désordre, mais approuvait ses soldats, les trouvant même trop modérés : « Ils n'ont fait que çà, disait-il ; ils auraient dû faire bien davantage »[4].

Les contemporains ont eu raison de parler des excès des *Prussiens* ; on peut adopter cette opinion, mais à condition de donner au mot le sens dans lequel ils l'employaient : toutes les troupes allemandes ont rivalisé en effet d'ardeur pour soumettre à une exploitation dévastatrice le pays qu'elles occupaient et pour terroriser les habitants.

L'étude des documents français et étrangers confirme partiellement la thèse de ceux qui subirent l'invasion et des premiers historiens qui l'ont racontée : ils ont bien vu que la responsabilité des Alliés devait être graduée. Peut-être pourrait on la déterminer autrement qu'ils ne l'ont fait eux-mêmes.

Les représentants des races latines, Piémontais et Espagnols, n'ont pas fait preuve d'une sauvage brutalité. Les Anglo-Saxons ont conservé une correction et une modération, d'ailleurs relatives. Les Slaves se sont bien conduits là où ils

1. Sorel, *Le Traité...*, p. 74-75.
2. Metternich, *op. cit.*, T. 2, p. 525, lettre du 13 juillet 1815.
3. Gagern, *op. cit.*, T. 5, p. 140.
4. Houssaye, *op. cit.*, p. 343.

sentaient l'autorité, mais se sont abandonnés à leurs instincts de rapines et de pillages lorsqu'ils étaient livrés à eux-mêmes. Les Germaniques enfin, parmi lesquels il faut comprendre les Hollandais et les Suisses Alémaniques, ont eu une attitude constante à l'égard de la France ; leur haine et leurs appétits grossiers s'accordèrent pour la ruiner ; pour eux, il n'y a, pour ainsi dire, aucune atténuation.

# CHAPITRE X

## LA LIQUIDATION

La liquidation commença, en quelque sorte, dès le 20 septembre, c'est-à dire le jour où les Alliés remirent au gouvernement français, sous forme d'ultimatum, les conditions de la paix future. Elle s'effectua en plusieurs étapes et porta sur diverses matières.

Nous n'avons pas à tenir compte du traité général de paix, signé le 20 novembre 1815 à Paris[1], parce qu'il ne concerne pas la période d'occupation de guerre. Il suffit donc d'en indiquer brièvement les clauses. La France était amputée territorialement : dans la région alpestre, elle perdait le département du Mont Blanc ; dans le nord-est, sa ligne de forteresses était entamée et sa frontière ouverte à d'autres invasions. Elle dut payer une contribution de guerre de 700.000 000 de francs que les coalisés se partagèrent entre eux[2]. Elle fut soumise à une occupation, à titre de garantie, de 150.000 soldats alliés pendant cinq ans, dans les départements suivants : Nord, Pas de Calais, Ardennes, Meuse, Moselle, Bas et Haut Rhin[3].

1. Voir le texte dans Angeberg, p. 1595-1601. — Descamps et Renault, *Recueil international des traités du XIXe siècle*, t. I, p. 523 et s.

2. Une commission pour recevoir les paiements français fut créée par les Alliés le 27 novembre ; A. E., C. R., correspondance du Conseil administratif. — Elle comprit les commissaires des quatre grandes puissances, mais « il sera permis aux autres états alliés de déléguer également des commissaires pour soigner directement leurs intérêts auprès de ladite commission. »

3. A. E., *Mémoires et documents, fonds France*, T, 700, f° 76, tableau de la répartition des 150.000 hommes de troupes alliées ; T. 700, f[os] 30 et sq., tableau

*
**

Il fallut donc procéder à l'évacuation des troupes qui avaient envahi la France et qui dépassaient 1.200.000 hommes. Leur départ fut organisé de concert par la Commission des réquisitions et le Conseil administratif.

Pour Paris et le département de la Seine, que devaient traverser de nombreux soldats, le soin du service des « approvisionnements et des distributions soit en vivres, liquides, fourrages » fut confié au commissaire général Vanlerberghe [1], qui, en 1814 déjà, en avait été chargé, et qui, depuis juillet 1815, avait été en rapports avec toutes les armées alliées. Trois inspecteurs généraux pour les « acquisitions, les emmagasinements et les distributions », des contrôleurs pour éviter les abus dans les magasins, des aides pour la manutention, un bureau central de surveillance près le commissaire général, telle fut l'organisation méthodique de ce service si délicat. Des commissaires ordonnateurs durent accompagner les troupes pendant leur marche de retour vers les frontières, p. ex. Thiébault pour les Russes, Douradon pour les Autrichiens [2], etc... Ils précédaient les soldats de quelques jours, organisaient les étapes de façon que les troupes étrangères eussent toujours ce qui leur était indispensable pour vivre sans pillage. Tous recevaient les ordres de la commission française qui, de son côté, réclamait communication des itinéraires fixés pour que tout fût préparé à l'avance [3].

des dispositition relatives à la ligne militaire qui doit être occupée en France par les troupes alliées; — cf. Robin, *op. cit.*, passim, longs détails sur le traité de 1815; — Sorel, *Le traité...* passim ; et *l'Europe et la Révolution française*, T. 8, liv. 2, ch. 4.

Cette occupation fut réduite de 150.000 à 120.000 hommes le 10 février 1817, et cessa le 9 octobre 1818 à la suite des négociations de Richelieu au Congrès d'Aix-la-Chapelle : A. E., *Mémoires et documents, fonds France*, T. 694, f[os] 39-44, et T. 701, f[o] 350.

1. A. E., C. R., Seine, lettre du préfet, 19 septembre 1815.

2. A. E., C. R., Situation des armées alliées, lettre de la C. R., 5 septembre ; *id.*, correspondance avec le Ministre de l'Intérieur, 8 octobre ; *id.*, correspondance des commissaires ordonnateurs en mission, 30 octobre 1815.

3. Voir, p. ex., A. E., C. R., correspondance avec les commissaires étrangers,

Sans doute, les exactions et les pillages ne cessèrent pas, malgré les précautions prises, et de nombreux témoignages l'attestent : il semble même que les troupes étrangères aient manifesté leurs regrets de quitter le « beau pays de France » en emportant le plus possible. Néanmoins, le service, si consciencieusement établi par la Commission française, fonctionna avec une régularité presque parfaite et, en bien des lieux, obtint des résultats appréciables[1]. L'un des commissaires français, Douradon, commissaire auprès des armées autrichiennes, expose à la commission des réquisitions que les mesures indispensables ont été prises et que le service a été « assuré partout de la manière la plus satisfaisante grâce aux efforts des autorités et à la résignation des contribuables » ; à l'appui de son opinion, il transmet le rapport d'un de ses suborbonnés, attaché à des troupes autrichiennes et félicité par leur général sur sa gestion qui a empêché, dit-il, « le plus petit désordre[2] ».

L'évacuation commença au mois de septembre. Dès le 12, les Autrichiens abandonnaient les départements du Gard et de la Lozère, qu'ils avaient indûment occupés pendant quelques jours. Puis, ce furent les Prussiens qui, progressivement, rétrogradèrent de l'ouest vers l'est : du 21 au 25 septembre, ils quittèrent les départements de la Bretagne et de la Manche ; au début d'octobre, leurs contingents du Calvados, de l'Eure et Loir et de l'Orne se dirigeaient sur Paris. A la même époque, les Suisses rentraient chez eux. A la fin du mois d'octobre s'opéra la dislocation de l'armée anglaise. En novembre, les Autrichiens, qui étaient dans le Puy de Dôme, « hâtent leur marche en doublant les étapes ». En décembre, les Danois et les contingents des villes hanséatiques sont revenus à Ham-

28 septembre et 4 octobre ; — *id.*, correspondance avec le ministre de la guerre, lettre de Castries, 13 octobre ; — *id.*, pièces relatives à l'armée prussienne, lettre d'Altenstein, 12 octobre 1815.

1. Il s'est produit cependant quelquues réclamations. Voir, p. ex., A. E., C. R., pièces relatives à l'armée prussienne, diverses lettres d'Altenstein et de Preffries au commissaire français Dudon.

2. A. E., C. R., correspondance avec les commissaires ordonnateurs, Douradon à la Commission, 30 octobre 1815.

bourg, tandis que l'armée des Pays-Bas, ayant quitté la France, s'installe à Tournai[1].

Sans doute, les départements de l'est de la France eurent beaucoup à souffrir parce qu'ils étaient sur la route de retour des principales armées étrangères, russes, allemandes, autrichiennes ; les préfets de la Meurthe, de la Moselle, du Bas et du Haut Rhin décrivent avec émotion et angoisse la situation déplorable de ces régions[2]. Mais tout s'efface devant le fait acquis ; au début de l'année 1816, il ne restait en France que les 150.000 hommes qui, d'après le traité du 20 novembre, devaient occuper régulièrement le pays pendant cinq ans. L'invasion avait cessé.

Elle avait accablé la France sous d'énormes charges financières, qui nécessitèrent deux sortes de liquidations, l'une partielle. si l'on peut dire, l'autre générale.

Comme nous l'avons vu précédemment, il avait été convenu au mois d'août entre les Alliés et le gouvernement français que celui-ci paierait pour la solde des troupes étrangères une somme de 50 millions de francs[3], répartie « à raison de 10.000.000 pour chacune des quatre grandes puissances et de 10.000.000 entre les autres Alliés proportionnellement à leur contingent dans l'armée coalisée ». Il avait été stipulé aussi que, pour l'habillement, l'équipement et la remonte de ces troupes, il serait versé une indemnité de 120 francs par homme : Wellington, dans son tableau du 1er septembre, ayant évalué l'effectif à 1.135.000 hommes, la dépense s'élevait à 136.200.000 francs. Au total, les diverses indemnités atteignaient 186.200.000 francs[4].

1. Le *Moniteur Universel* indique suffisamment les dates d'évacuation Il faut contrôler avec A. N., F 5 II, (toute la série des départements occupés). — Sur des points particuliers voir : A. E., C. R., pièces relatives à l'armée anglaise, lettre de Dunmore, 29 octobre 1815 ; — A. E., *Mémoires et documents, fonds France*, T. 703, f° 66 (Lozère).

2. Voir p. ex. : A. E., C. R., Meurthe, 9 novembre 1815.

3. Voir ch. v, et aussi Angeberg, p. 1493-1494, 1502-1503.

4. A. E., C. R., correspondance avec le Conseil administratif, 6 septembre 1815. — Voir, ch. iv, le tableau dressé par Wellington.

En présence de l'énormité de cette somme, la Commission française essaya de s'entendre avec les diverses puissances. La Russie fit preuve de bonne volonté et même de désintéressement [1]. L'Autriche accepta, par l'intermédiaire de son commissaire Baldacci, sans grandes difficultés, le règlement proposé [2]. Mais le tableau des troupes, rédigé à la hâte par Wellington, était incomplet. De là des réclamations très vives de ceux qui avaient été omis, surtout le Wurtemberg et la Hesse-Cassel, qui obtinrent satisfaction par convention particulière du 12 septembre 1815 [3]. De là, des réclamations encore plus acharnées de la part des petits princes allemands : Hanovre, Hohenzollern-Hechingen, Hohenzollern-Sigmaringen, Lichtenstein, etc..., qui, tout en ayant envoyé des contingents minimes, désiraient toucher de très fortes sommes : ils furent déboutés et leur indemnité fut comprise dans celle attribuée soit à l'Angleterre, soit à la Prusse [4].

Pour résoudre toutes les difficultés suscitées, le Conseil administratif proposa l'arrangement très précis du 18 septembre Il fixait les modalités du paiement des indemnités pour la solde d'une part, l'habillement, l'équipement et la remonte de l'autre, et répartissait la somme totale entre les diverses puissances. Le paiement de l'indemnité de solde devait être terminé à la fin d'octobre ; pour l'autre, les versements étaient échelonnés jusqu'à la fin de février 1816. Il était stipulé que toutes les sommes en argent, les réquisitions de chevaux et d'effets, la valeur des fers et cuivres des forges et fonderies de la Nièvre, viendraient en déduction des sommes dues par la France [5].

1. Voir ch. v, et en plus A. E., C. R., correspondance avec le Conseil administratif, 12 septembre ; — *id.*, pièces relatives à l'armée russe, 17 septembre 1815.

2. A. E., C. R., correspondance avec les commissaires étrangers, 7 septembre 1815 ; — A. E., *Mémoires et documents, fonds France*, T. 703, f^os 57-58, convention particulière du 9 septembre 1815.

3. A. E., C. R., Correspondance avec les commissaires étrangers, 6, 9, 10, 12 septembre 1815.

4. A. E., C. R., Correspondance du Conseil administratif, 26 septembre et 19 octobre 1815 ; — *id.*, correspondance avec le ministre des affaires étrangères, 11, 19, 23 novembre 1815.

5. A. E., C. R., correspondance du Conseil administratif avec Corvetto, projet du 18 septembre.

Des plénipotentiaires furent nommés pour suivre ces négociations[1]. Elles furent très difficiles et très longues ; le gouvernement français, devant la multiplicité de ses charges, se trouva souvent dans l'impossibilité d'effectuer les paiements aux dates fixées. De leur côté, les étrangers, qui s'en tenaient simplement à la lettre de l'accord signé, mirent dans leurs réclamations une obstination et une raideur vraiment excessives. Pour s'en convaincre, il suffit de lire la correspondance échangée entre la commission française d'une part, l'Anglais Dunmore irréductible et l'Autrichien Barbier loquace, de l'autre[2].

Le résultat seul importe. La France paya la somme convenue pour la solde, l'habillement, l'équipement et la remonte des armées. La répartition en fut ainsi effectuée[3] :

| | | | |
|---|---|---|---|
| Autriche | 48.400.000,00 | Wurtemberg | 3.974.803,15 |
| Prusse | 47.200.000,00 | Bade | 3.179.832,55 |
| Angleterre | 25.360.000,00 | Hesse | 1.589.921,25 |
| Russie | 40.000.000,00 | Piémont | 2.981.112,35 |
| Bavière | 11.924.409,45 | Saxe | 1.589.921,25 |

Bien plus lourdes, et de beaucoup, furent les charges qui incombèrent au pays, par suite d'une invasion de quelques mois. Comme il l'avait entrepris pour l'occupation de l'année 1814, le gouvernement français voulut établir le bilan général de ce qu'avait coûté celle de 1815. Pour une enquête aussi vaste, qui portait sur plus de soixante départements, la Commission des réquisitions ne pouvait suffire ; d'ailleurs, elle disparut le 1er février 1816.

La loi de finances du 28 avril de la même année créa donc à cet effet des organismes nouveaux, deux commissions[4]. La

1. Les noms de ces plénipotentiaires se trouvent dans A. E., C. R., correspondance du Conseil administratif avec Corvetto, 11, 29 octobre, 1er novembre 1815 ; — *id.*, pièces relatives à l'armée prussienne, 7 novembre 1815.

2. A. E., C. R., pièces relatives aux armées autrichienne et anglaise, depuis le 23 septembre.

3. Voir Crétineau-Joly, *op. cit.*, p. 72-74.

4. Texte dans *Collection complète des lois*, pub. p. J.-B. Duvergier, T. 20, P. 276-277, titre 3.

première, dans chaque département, nommée par le conseil général, présidée par le préfet et composée de six membres, fut chargée de vérifier et d'arrêter les comptes relatifs à l'imposition de la contribution extraordinaire de 100 millions de francs [1]. La seconde, réunie dans les départements envahis seulement, fut de beaucoup la plus importante; elle a la même origine et la même composition que la précédente, mais ses attributions sont totalement différentes. Elle est chargée de connaître des réquisitions de guerre « soit en argent, soit en denrées, soit en marchandises », et des marchés passés « pour la fourniture de ces denrées ou marchandises ». Elle procédera à l'examen des réclamations, qui devront être accompagnées de « pièces justificatives et de l'avis du sous préfet » et lui être remises avant le 15 août 1816. Elle vérifiera et apurera les comptes, et proposera ensuite, pour régulariser, répartir et acquitter ces dépenses les mesures les plus convenables « qui pour leur exécution devront être autorisées par une ordonnance du Roi » [2].

Le 10 juin 1816, le ministre de l'intérieur Laîné, ému des interprétations diverses données à la loi du 28 avril par les commissions constituées, et surtout inquiet de leurs hésitations, adressa aux préfets une circulaire explicative. D'après celle-ci, il n'est pas nécessaire que la liquidation soit effectuée suivant un mode uniforme; elle peut varier en effet selon « les circonstances qui ont accompagné les réquisitions et fournitures, les ressources qui ont été créées, les nouveanx moyens à proposer pour solder les dépenses ». Dans certains départements p. ex., les préfets ayant établi des impositions extraordinaires pour l'entretien des alliés, « la charge résultant de l'occupation du territoire a été supportée uniformément par tous les habitants ». Dans ceux au contraire où il a fallu « obtempérer sur-le champ aux réquisitions » des étrangers, la charge est retombée presque exclusivement sur les habitants des communes où se trouvaient ces soldats. Le

1. articles 4 et 5.
2. articles 6.

ministre déclare donc que les commissions doivent égaliser les charges autant que possible « par une répartition équitable ».

Elles examineront avec la plus grande sévérité les réclamations portées devant elles et ne devront admettre que ce qu'elles reconnaîtront « bien légitimement dû ». Qu'elles prennent garde à la cupidité et à l'adresse des fournisseurs ; en échange, qu'elles favorisent ceux « qui n'ont pas hésité à prêter leur crédit et leurs fonds... sur la foi des magistrats et sans être guidés par des spéculations avantageuses à leurs propres intérêts » [1].

En terminant cette importante circulaire, le ministre recommandait aux commissions de ne pas rechercher la « perfection complète », mais de se hâter « d'apporter le remède aux maux qui pèsent encore sur les administrés ».

Ces commissions ont accompli la tâche qui leur était dévolue. Elles ont siégé plus ou moins longtemps, suivant les départements ; elles ont procédé à une liquidation consciencieuse et ont permis ainsi. le plus souvent, de dresser des états, grâce auxquels on peut se rendre compte des dommages causés par l'invasion.

Mais, il faut bien le reconnaître, on ne peut pas arriver à une évaluation indiscutable. En effet. seules ont été inscrites les créances justifiées par des titres réguliers. Or, il n'a pas été toujours possible aux maires des communes « d'obtenir des récépissés des objets livrés » aux troupes étrangères [2]. De plus, toutes les créances n'ont pas été présentées à la commission. Dans beaucoup de départements, une partie seulement des communes s'est conformée à la loi ; les plus nombreuses ont négligé de réclamer pour les pertes subies [3]. La question des pillages, des vols et des incendies a donné lieu, aussi, à des interprétations diverses ; quelques commissions les ont fait entrer dans le compte des réparations ; d'autres ont considéré au contraire que c'étaient là des faits inévita-

1. A. N., F 5 II, Seine et Oise 25, circulaire n° 88 (imprimée).
2. A. N., F 5 II, Ardèche 20, lettre du préfet, 4 janvier 1816.
3. Voir, p. ex., A. N., F 5 II, Oise 21, cahier d'observations du 1er janvier 1818.

bles de guerre, dont le gouvernement était irresponsable. Il en est de même pour les convois ; les frais ne sont pas alloués quand il s'agit de distances peu considérables et c'est ainsi que l'on peut rejeter quelquefois les quatre-cinquièmes des réclamations [1]. Enfin, événement extraordinaire, dans un des départements les plus foulés, celui de l'Yonne, sur 479 communes, 403 abandonnent leurs créances [2] !

Les résultats de l'enquête des commissions devaient permettre aux préfets de rédiger des « états de situation » définitifs. Mais, là encore, les difficultés sont grandes ; il n'existe pas d'états pour plusieurs départements, Ardennes, Loire Inférieure, Mont Blanc, Nord, Haut Rhin, Saône et Loire, Somme et Yonne. De plus, les agents royaux ont interprété de façons diverses les instructions gouvernementales. Les uns, les plus rares, établissent les frais depuis le début de l'invasion jusqu'en septembre 1815, date du départ des troupes ; d'autres vont jusqu'à la fin de l'année 1815 ; d'autres prolongent jusqu'au moment, variable suivant les départements, de la reprise de ses pouvoirs par l'autorité militaire française ; d'autres enfin poussent jusqu'au 1er janvier 1818 et comprennent dans leurs états les frais, non seulement de l'invasion de 1815, mais de l'occupation pendant deux ans. Certains même en arrivent à ne pas distinguer suffisamment les dépenses occasionnées par les troupes royales et par les armées étrangères.

Ce sont cependant ces états dressés par les préfets qui, malgré leurs défauts, doivent servir de base pour établir un bilan général. Ils ont beaucoup plus de valeur que d'autres documents, par ex. des appréciations fragmentaires pour chaque département, des états incomplets de dépenses par armée étrangère et des mémoires récapitulatifs comportant eux aussi des lacunes graves [3]. En combinant ces divers élé-

1. *Id.*, — et Bas Rhin 30.

2. A. N., F 5 II, Yonne 18.

3. Les états préfectoraux sont aux A. N., F 5 II. — Les autres documents sont aux A. E. : les appréciations dans A. E., C. R., cartons des départements ; les états par armées dans A. E., C. R., pièces relatives aux armées ; les mémoires récapitulatifs dans A. E., C. R., papiers divers.

ments de valeur variable, on peut établir le tableau suivant :

| | | | |
|---|---|---|---|
| Ain | 3.804.858,86 | Marne | 15.202.212,80 |
| Aisne | 26.286.246,00 | Marne (Haute) | 4.229.626,11 |
| Allier | 836.265,90 | Mayenne | 1.470.509,55 |
| Alpes (Basses) | 829.458,20 | Meurthe | 19.495.088,62 |
| Alpes (Hautes) | 1.143.666,98 | Meuse | 10.242.945,05 |
| Ardèche | 781.384,51 | Mont Blanc | 2.581.420,86 |
| Ardennes | 26.755.593,43 | Morbihan | 144.143,67 |
| Aube | 11.983.854,27 | Moselle | 12.349.312,00 |
| Bouches du Rhône | 3.657.647,26 | Nièvre | 10.686.340,00 |
| Calvados | 6.162.557,45 | Nord | 11.153.560,24 |
| Côte d'Or | 18.645.832,86 | Oise | 11.323.506,08 |
| Côtes du Nord | 246.034,49 | Orne | 1.541.844,61 |
| Doubs | 6.731.103,00 | Pas de Calais | 3.897.405,28 |
| Drôme | 3.066.320,41 | Puy de Dôme | 1.133.368,50 |
| Eure | 11.214.681,24 | Pyrénées (Basses)[2] | ........... |
| Eure et Loir | 6.509.411,68 | Pyrénées Orientales | 157.303,53 |
| Finistère[1] | 195.068,64 | Rhin (Bas) | 31.043.996,60 |
| Gard | 582.234,31 | Rhin (Haut) | 28.385.336,03 |
| Hérault | 2.943,30 | Rhône | 9.280.550,44 |
| Ille et Vilaine | 1.083.502,90 | Saône (Haute) | 5.944.[illegible]35,38 |
| Indre et Loire | 219.152,54 | Saône et Loire | 9.857.960,00 |
| Isère | 7.984.329,77 | Sarthe | 4.829.062,00 |
| Jura | 6.863.000,00 | Seine | 53.858.688,46 |
| Loir et Cher | 999.848,33 | Seine et Marne | 13.612.659,00 |
| Loire | 1.710.091,53 | Seine et Oise | 39.920.692,77 |
| Loire (Haute) | 509.732,00 | Seine Inférieure | 3.726.036,10 |
| Loire Inférieure | 518.[illegible]18,24 | Somme | 7.401.092,64 |
| Loiret | 5.579.846,12 | Var | 2.703.852,33 |
| Lozère | 154.015,75 | Vaucluse | 1.343.584,42 |
| Maine et Loire | 3.349.368,10 | Vosges | 8.560.153,00 |
| Manche | 2.480.186,53 | Yonne | 8.700.988,00 |

Au total 495.664.833 fr. 67 pour quelques mois seulement, et ce n'est encore qu'un chiffre minimum. Beaucoup de réclamations individuelles en effet, n'ayant pas été remises dans

1. Le Finistère n'a pas été envahi, mais il a dû subvenir aux dépenses des Prussiens dans les départements voisins : A. N., F 5 II, Finistère 20, lettre du préfet, 3 décembre 1818, et état de situation au 18 avril 1818.

2. Le département des Basses Pyrénées a été envahi pendant quelques jours seulement par les Espagnols, mais il n'a subi aucun dommage. : A. N., F 5 II, Basses Pyrénées 17, lettre du préfet, 29 mai 1816.

le délai fixé par la loi du 28 avril 1816, ne furent pas acceptées. Portées soit devant le Ministre des Finances, soit devant le Conseil d'Etat, elles furent rejetées. Encore en 1839 il y avait des réclamants [1].

⁂

Indemnité de 700.000.000 en vertu du traité du 20 novembre 1815, — 186.200.000 environ pour la solde et l'habillement, — près de 500.000.000 pour les frais dus à l'invasion, au total 1.386.000.000 de francs. Telle est, indépendamment des pertes territoriales et d'une occupation prolongée, coûteuse elle aussi, la dépense approximative que les Alliés ont fait supporter à la France pour la punir, dirent-ils, d'avoir accueilli avec enthousiasme Napoléon, lorsqu'il revint de l'île d'Elbe.

1. Le nombre de ces demandes impayées est considérable; il y a même de véritables dossiers dans les cartons des A. N., F 5 II, avec des annotations comme celles-ci : *rejet, rien à faire, écrire au préfet de prévenir l'intéressé.* — Voir aussi, comme ex., dans le *Recueil des arrêts du Conseil d'Etat*, l'arrêt du 29 août 1834, nº 8673, aff. Lambin contre commune d'Origny-Sainte-Benoîte (Aisne). Le sieur Lambin s'adresse au Conseil d'Etat pour obtenir le paiement de fournitures faites en 1815 sur réquisition du maire de la commune. Le recours est rejeté, avec le considérant suivant : « Considérant que la réclamation... aurait dû être présentée à la commission départementale, instituée par la loi du 28 avril 1816, avant le 15 août de la même année, délai de rigueur prescrit par l'art. 6 de ladite loi ».

# CONCLUSION

Dans l'espace de deux ans, 1814 et 1815, la France a eu à subir la présence de nombreux ennemis.

Ces invasions n'offrent pas les mêmes caractères: en 1814, les Alliés sont restés fort peu de temps dans notre pays et n'ont pas abusé de leur victoire. En 1815, la situation change. Vivement émus du retour de Napoléon, et convaincus à tort que la France entière l'avait soutenu, les souverains de l'Europe ont choisi ces prétextes pour réduire le pays à l'impuissance.

Leurs proclamations furent au début pacifiques et quelques-unes peut-être sincères, destinées à tranquilliser les Français et à empêcher leur hostilité au moment de l'invasion. En réalité, après avoir complètement désarmé le pays en faisant procéder à la dissolution de la seule force constituée, l'armée de la Loire, rassurés contre toute tentative de résistance, les Alliés marquèrent leur désir secret et réel, non pas de rétablir la situation résultant du traité du 30 mai 1814, mais de créer un nouvel état de choses à leur profit exclusif. Alors que le gouvernement français invoque le droit des gens pour soutenir qu'entre la France et l'Europe, unies par la convention du 25 mars 1815, il ne peut y avoir d'état de guerre, les diplomates européens, quoique leur but soit atteint par la bataille de Waterloo et la capture de Napoléon, décident néanmoins l'invasion du territoire français, dont leurs troupes occuperont la plus grande partie pendant plusieurs mois.

Deux conceptions différentes se sont donc opposées en 1815. Il en est résulté des difficultés très graves et une situation exceptionnelle. Les efforts, tentés du côté français pour résoudre à l'amiable les différends survenus, ont été vains. A la création de la Commission des réquisitions le 9 juillet, les prétendus alliés n'ont répondu qu'au bout d'un mois par la constitution de leur Conseil administratif. Mais ils n'entendirent pas laisser régler les questions exclusivement par ces deux organes, de telle sorte que l'action réelle de la Commission française et du Conseil administratif se borna presque uniquement à un échange de plaintes, de récriminations et de vaines propositions jamais réalisées. Les Alliés ramenèrent toutes les affaires à leur Conseil des quatre, qui délibéra en secret, en dehors du gouvernement français, auquel il avait résolu d'imposer et imposa effectivement ses décisions irrévocables.

Plus de soixante départements furent envahis par des troupes animées pour la plupart d'un esprit de vengeance contre la domination napoléonienne, qu'elles avaient dû subir et dont elles rendirent responsables tous les Français sans exception. Elles n'éprouvaient pour eux que dédain et mépris, se conformant à l'opinion exprimée par Stein, l'un des rénovateurs de la Prusse après Iéna : « Le peuple français, dit-il, est mutin, remuant, comme l'enseigne son histoire. Ce trait est une suite de sa légèreté, de sa mobilité, de sa présomption, de sa cupidité, vices qui ne sont pas plus domptés par l'esprit religieux que par la moralité »[1]. Ces derniers reproches se retournent contre les envahisseurs eux-mêmes. Car, agissant en toute liberté d'allures, ils ne mirent aucun frein à leurs instincts brutaux : ils méconnurent les autorités légalement constituées pour pouvoir exploiter méthodiquement le pays, piller et commettre des violences inouïes. Ils accumulèrent les ruines et les misères. Les étrangers s'étaient présentés en alliés ; ils se conduisirent en véritables ennemis.

Certains d'entre eux, comme l'Autrichien Gentz, l'ont formellement reconnu et n'ont pas dissimulé la responsabilité encourue par leurs soldats[2]. D'autres au contraire ont essayé

1. Pertz, *op. cit.*, T. 4, p. 385-386.
2. Sorel, *Le traité...*, p. 79.

vainement de l'atténuer : Castlereagh, p. ex., dans un grand discours à la Chambre des Communes le 20 février 1816, donnait, sur la conduite des troupes alliées, une appréciation totalement opposée, et pour le moins inattendue : « Excepté dans les premiers moments, affirme-t-il, on a vu peu de preuves d'indiscipline. Il existait parmi les alliés un esprit général de bienveillance qui adoucissait dans les troupes le ressentiment. »[1]

Si les ministres alliés ont émis des jugements différents qui dénotent leur embarras, les Français, eux, n'ont jamais varié. Tous, ils ont eu le sentiment, et conservé pendant longtemps le souvenir, qu'ils avaient été les victimes, non d'une guerre loyale, mais d'une agression injustifiée. Ils ont eu cependant la justice de distinguer entre leurs ennemis. Ils ont admis et reconnu que certains avaient fait preuve d'une modération relative et ils ne leur ont pas tenu rigueur. Mais est-il étonnant qu'entre eux et ceux qui, constamment, firent montre et abusèrent de la force brutale, se soient élevées des barrières, encore aujourd'hui debout ?

1. Angeberg, p. 1670.

# APPENDICES

## Note remise au Ministère des Finances le 18 juillet 1815.

*A.E.,C.R., Correspondance de l'administration des forêts avec le Ministère des Finances.*

(Voir ci-dessus chapitre IV, p. 47, note 1).

Les armées alliées en entrant en France ont trouvé dans les premiers moments une assez grande abondance des objets dont elles avaient besoin; mais, en peu de jours, les ressources ont disparu, aucun service n'a pu être assuré, la ruine du pays a été complète et la subsistance des troupes est compromise, il est urgent d'y pourvoir.

Avant toutes choses, il est nécessaire qu'on arrête les excès auxquels se livrent les soldats, qu'on rassure les habitants, dont une grande partie ont fui leurs domiciles: dans les campagnes, les travaux sont abandonnés, les cultivateurs ont été dépouillés de tout ce qu'ils possédaient; on leur a enlevé leurs bestiaux, leurs voitures, jusqu'à leurs instruments oratoires; ils sont dans un tel dénuement qu'ils ne peuvent faire la récolte, elle dépérit sur pied, les grains ne seront pas ramassés et tout fait craindre qu'on n'éprouve bientôt une disette absolue. Il est autant dans l'intérêt des alliés que dans celui du pays d'éloigner un pareil malheur; pour y parvenir, il faut ramener l'ordre dans l'administration du territoire et la discipline dans les troupes.

Les arrondissements les moins malheureux sont ceux où les autorités locales ont conservé leur action; les plus ruinés, au contraire, sont ceux où les alliés ont voulu employer les moyens de réquisitions parce qu'ils les ont toujours appuyés de la force militaire. Sur plusieurs points, cette différence s'est si promptement fait sentir que les commandants ont déjà requis les fonctionnaires français de reprendre la direction des services. La plupart s'y sont refusé, ne se sentant pas assez forts pour arrêter le mal, et n'étant pas d'ailleurs guidés par les autorités supérieures du gouvernement, d'autres ne voulant pas se charger de faire exécuter des ordres qui doivent amener la ruine de leurs concitoyens et dont la réalisation complète est évidemment impossible aux yeux de quiconque connait les ressources du pays. Cette conviction a même suspendu les efforts qu'on aurait fait pour satisfaire à des demandes modérées; les agents des armées alliées ainsi abandonnés à eux-mêmes prennent des mesures qui n'amèneront aucun résultat, les armées ne reçoivent pas ce dont elles ont besoin et sont à la veille de manquer de tout.

Les départements occupés par les forces immenses des souverains alliés ne sont pas les plus fertiles de la France, plusieurs ont été déjà ravagés en 1814, les terres ne furent pas ensemencées; outre les vivres qu'ils doivent fournir journellement, on requiert encore des objets manufacturés qui ne se trouvent pas dans le pays et qu'on ne peut se procurer que par la voie du commerce, mais les arrondissements occupés par les armées ne peuvent y satisfaire puisqu'ils n'ont aucun moyen pécuniaire.

Il faut donc que les départements qui n'ont point éprouvé les mêmes malheurs viennent à leur secours. L'intérêt des armées alliées est que l'on pourvoie à tous leurs besoins, l'intérêt de la France est qu'il y soit pourvu de la manière la plus prompte et en évitant toute occasion de contestation entre les habitants et le militaire. Pour atteindre ce double but, on ne voit qu'un moyen, c'est que l'administration française reprenne promptement son action.

Dans l'état actuel des choses, une partie du territoire est administrée par celle des armées alliées qui l'occupe; elle y perçoit les contributions, s'empare des ressources et s'oppose même à ce que ces denrées sortent des limites qu'elle trace, sans songer que ces denrées sont destinées à la subsistance d'une autre armée alliée. C'est ainsi que les intendants prussiens ont arrêté les fourrages achetés dans le département de Seine et Oise pour la consommation de la cavalerie anglaise cantonnée à Paris ou dans les environs. Quelquefois, l'occupation du territoire est chose incertaine, alors deux armées frappent à la fois leurs réquisitions, défendent réciproquement qu'on obéisse aux réquisitions de l'autre, c'est ce qui est arrivé au Quesnoy, à Château-Thierry ; le pays alors est doublement opprimé et aucune des armées ne peut obtenir ce qu'elle demande.

Ailleurs, les troupes qui sont en mouvement ne quittent leurs positions qu'après avoir tout enlevé ; ainsi, les Prussiens avant d'abandonner l'arrondissement de Fontainebleau aux Autrichiens qui les y ont relevés, ont emmené jusqu'aux chevaux et aux charrettes des laboureurs, il n'y a pas en bétail de quoi assurer la subsistance des troupes pour deux jours, il n'y a pas assez de vin pour une distribution.

Faute de renseignements sur les richesses locales, les intendants ont exigé des fournitures exorbitantes, imposé des contributions au recouvrement impossible ; on a cependant employé les moyens les plus rigoureux d'exécution; pour s'y soustraire, les habitants, comme ceux de Nemours et de Fontainebleau, ont fui dans les bois avec ce qui leur reste, très déterminés à se défendre au péril de leurs jours; la localité les favorise, ils se sont joints à des traîneurs de l'armée française; le sous-préfet, le maire ont fait de vains efforts pour les ramener, ils refusent d'écouter des autorités qui ne peuvent plus les protéger.

Au milieu de tous ces désordres, et malgré tous les obstacles qu'ils préparent pour l'avenir à la marche régulière de l'administration, le gouvernement trouverait encore des personnes qui feraient l'entreprise de tous les services, il s'en est déjà présenté; mais il a été impossible d'accueillir leurs propositions parce qu'on ne peut établir aucun calcul sur lès ressources disponibles tant que l'administration de tout le territoire n'est pas remise entre les mains des agents du Roi ; c'est le premier point sur lequel les entrepreneurs ont demandé des explications et sans lequel ils ne peuvent traiter.

Si l'on pouvait croire qu'en laissant les choses telles qu'elles sont, les troupes alliées pourront toujours trouver des vivres suffisants et se procurer les objets qu'elles requièrent, il serait plus commode pour le ministère de ne provoquer aucun changement à l'état dans lequel nous sommes et d'avoir les ressources des départements non occupés entièrement disponibles ; mais il ne faut pas se dissimuler que, si on n'organise pas les services de telle manière qu'ils aient une direction commune,les départements où sont campées les armées seront promptement épuisés, et les armées forcées de s'éloigner ou de prendre une autre position. Si l'administration française peut exercer librement son action, les ressources de tous les départements seront mises en usage sans en fouler aucun, les denrées seront économisées, les approvisionnements seront assurés, et les armées pourront se mouvoir sans crainte d'éprouver de manquer de vivres, les réquisitions en objets d'équipement et d'habillement seront promptement remplies parce qu'on en suivra l'exécution dans les lieux où ces objets existent réellement. Les agents militaires ne pourraient jamais les obtenir des arrondissements où ils exercent leur autorité. Tant que les armées voudront assurer elles-mêmes leurs services, elles se nuiront entre elles, le pays que chacune d'elles occupe sera foulé sans pouvoir satisfaire à leurs demandes. Si l'administration française peut reprendre son autorité, elle tirera les ressources de tous les pays où elle peut agir, les charges seront réparties en connaissance de cause, les services seront faits avec prévoyance, les armées pourront se succéder sans être obligées à chaque changement de positions de songer à former des approvisionnements, qu'elles ne peuvent pas emporter hors du pays, mais qu'alors elles livrent au pillage.

## II

### Armée Impériale et Royale Autrichienne.

*A.E., C.R., Saône et Loire*; — ou *A.E., Mémoires et documents, fonds France, T. 691, f° 117.*

(Voir ci-dessus chapitre VI, page 82, note 2).

Nous, comte de Wurmser, chambellan, conseiller actuel intime d'état de Sa Majesté Impériale royale apostolique, commandeur de l'ordre royal de Saint Etienne de Hongrie, président de la commission aulique chargée de la direction du cadastre de la Monarchie, intendant général de l'armée impériale et royale d'Italie;

Considérant que, d'après les directions de Son Excellence le ministre de l'armée, concertées avec Les Hautes puissances alliées, l'Intendance générale de l'armée impériale autrichienne d'Italie est chargée provisoirement, d'une part, de l'administration supérieure des parties de la France qui seront occupées par ladite armée, et de l'autre, du recouvrement des impôts indirects et directs établis par les lois en vigueur, avons ordonné et ordonnons ce qui suit :

Article I<sup>er</sup>. — Les autorités tant judiciaires qu'administratives commenceront l'exercice de leurs attributions, ainsi que cela a déjà été ordonné pour les dernières par l'article II de la proclamation de Son Excellence le général en chef en date du premier de ce mois.

Article II. — Là où des fonctionnaires des administrations communales auront abandonné leur poste, ils seront suppléés par ceux qui les suivent dans la hiérarchie des emplois et, à leur défaut, les communes en éliront d'autres conformément à l'article III de la susdite proclamation.

Article III. — Quant aux préfets et sous-préfets qui auraient abandonné leur poste, nous nous réservons de pourvoir à leur remplacement par des dispositions particulières.

Article IV. — Les impôts directs et indirects établis par les lois continueront, ainsi que les octrois municipaux, à être payés et perçus aux termes des lois et règlements en vigueur.

Sont seulement exceptés les droits sur la vente et le mouvement des boissons qui, ayant été abolis, lors de la première entrée des troupes alliées en France, par une suite de la munificence des souverains alliés, restent supprimés et ne pourront être perçus sous quelque prétexte que ce soit.

ARTICLE V. — Les percepteurs des impositions directes, les receveurs particuliers d'arrondissement, les receveurs généraux de département, les receveurs des domaines et de l'enregistrement, en un mot tous les préposés au recouvrement et à la recette des impôts et droits indirects continueront leurs fonctions et attributions aux termes des lois et réglements en vigueur, sauf l'exception statuée ci-dessus. Cet article s'étend aux entreposeurs et sous entreposeurs des tabacs, ainsi qu'aux régies et administrations préposées à la direction des diverses branches des revenus publics.

ARTICLE VI. — Il est prohibé à tous percepteurs, receveurs et autres comptables de faire des versements ou paiements à des caissiers ou receveurs qui se seraient éloignés des lieux affectés à leur exercice, ou dont l'exercice se trouverait dans des endroits occupés par les troupes françaises; à plus forte raison est-il prohibé de faire de pareils paiements à des personnes qui, quoique présentes dans le territoire occupé par les armées impériales autrichiennes, n'y seraient point spécialement autorisées par nous ou nos délégués. Toute contravention à cette disposition impliquera non seulement responsabilité personnelle pour la bonification des sommes dont les comptables se seraient dessaisis de cette manière, mais sera en outre considérée et traitée comme une infraction au droit de la guerre.

ARTICLE VII. — Le recouvrement des contributions directes de toutes espèces continuera à se faire, comme à présent, par les percepteurs respectifs, mais ce sera sous la responsabilité solidaire des communes et des arrondissements.

ARTICLE VIII. — Le recouvrement des arrérages se fera provisoirement aux termes des lois et décrets y relatifs : quant aux contributions courantes, elles seront payées par anticipation, mois par mois, à compter du premier août prochain. La *rate* [compte] du mois de juillet sera soldée au plus tard le 30 dudit mois. Pour faciliter le paiement de celle du mois d'août, il est accordé pour celle-ci seulement une prorogation jusqu'au quinze dudit mois.

ARTICLE IX. — Il est enjoint aux percepteurs d'envoyer des garnisaires chez les retardataires : ceux qui auront négligé cette mesure serons responsable envers la commune et pourront être contraints, par voie d'exécution militaire, à faire l'avance de la cote du contribuable en retard. Il sera libre aux communes de requérir la force militaire tant contre les contribuables en retard que contre les percepteurs qui auront négligé d'user de contraintes envers les retardataires.

ARTICLE X. — Si les diligences faites en conséquence de l'article précédent demeuraient sans effet, cela ne libérera point les communes de la solidarité prononcée par l'article VII : elles demeureront, au contraire, tenues et au besoin elles seront contraintes de compléter, dans la dizaine des échéances respectives, la totalité de la somme qui se compose des cotes particulières de chaque contribuable, sauf leurs recours envers les retardataires et envers les percepteurs en défaut.

ARTICLE XI. — Ce *complettement*, qui ne fera que constituer une avance récupérable à charge de ceux qu'il appartiendra, se fera par voie d'avance volontaire par les contribuables les plus aisés ou par répartition à raison des facultés de ceux-ci. Dans ce dernier cas, la répartition se fera par le maire et son conseil et sera provisoirement exécutoire, nonobstant toute réclamation et opposition quelconque ; les réclamations ne seront admissibles que sur le vu du reçu du percepteur et seront discutées et décidées administrativement par le conseil de préfecture.

Article XII. — Si une commune restait en retard de compléter, aux termes de l'article X, la cote totale de sa contribution, le percepteur, sous sa responsabilité personnelle, en donnera sur-le-champ, c'est-à-dire dans les 24 heures après l'expiration du terme de dix jours fixé à l'article X, avis au receveur particulier de l'arrondissement, et celui [ci], sous peine d'être rendu lui-même personnellement responsable, en fera rapport dans la journée à l'autorité supérieure du département afin que la commune en retard puisse être frappée d'une exécution militaire ou qu'il puisse au besoin être pris d'autres mesures coercitives.

Article XIII. — Si, nonobstant ces mesures, la commune en retard ne complétait point dans la huitaine de la contrainte la cote de ses contribuables, l'arrondissement, solidaire pour les communes en vertu de l'article VII, sera tenu à suppléer, par forme d'avance, au déficit de la commune, sauf son recours pour son recouvrement à charge de celle-ci. Le supplément devra être versé chez le receveur particulier, dans la huitaine de la signification qui aura été faite par ledit receveur à la préfecture ou sous-préfecture du défaut de la commune en retard. Tout retard ou négligence du receveur particulier entraîne responsabilité personnelle.

Article XIV. — Le mode de pourvoir à ce supplément sera pour le fond le même que celui prescrit par les communes, c'est-à-dire une avance volontaire par les contribuables les plus aisés ou une répartition à raison de leurs facultés.

Article XV. — Cette répartition ou cotisation se fera par le sous-préfet assisté d'un conseil de quatre membres, élus parmi les plus notables du siège de la sous-préfecture.

Les individus appelés à cette fonction devront y déférer sous peine d'exécution militaire ou d'être enlevés comme otages.

Les répartitions ou cotisations ainsi faites seront également exécutoires, nonobstant toutes réclamations et oppositions quelconques. Les réclamations ne seront admissibles que sur le vu du reçu du receveur particulier et seront discutées et decidées par le conseil de préfecture.

Article XVI. — Tous recouvrements et recettes continueront à être versés dans les caisses des receveurs particuliers et généraux.

Article XVII. — Les fonds affectés spécialement aux dépenses administratives, judiciaires, communales et des cultes, seront employés à cette destination : mais les paiements, pour être *valides*, devront être ordonnancés par nous sur des états en due forme, certifiés par Messieurs les prefets.

Article XVIII. — Là où les fonctions de préfets ou sous-préfets absents seront suppléées par des commissions particulières, ces commissions en exerceront toutes les attributions.

Article XIX. — Les préfets et sous-préfets ou ceux qui en exerceront les attributions, les maires, les receveurs généraux ou particuliers, les percepteurs des contributions publiques, les préposés aux recettes et recouvrements de tout genre, et les autorités administratives respectives sont chargées, chacune en ce qui la concerne, de l'exécution du présent arrêté, qui sera publié et affiché à la diligence de Messieurs les préfets et sous-préfets, partout où besoin sera et dans les formes ordinaires.

Signé, LE COMTE DE WURMSER.

Donné à Châtillon, le 9 juillet 1815.

Par ordonnance de Son Excellence l'Intendant général

Signé, l'Intendant CUVELIER.

## III

**Etat des Places de France qui ont été mises en état de siège, indiquant celles dont la soumission au Roi est connue, et celles dont les rapports ne sont point encore parvenus jusqu'à ce jour relativement à leur soumission.**

*A. G., 2e Restauration, correspondance militaire générale, carton du 8 au 15 juillet 1815.*

(Voir ci-dessus, chapitre VII, p. 109, note 6).

| Divisions Militaires | Désignation des Places — dont la soumission au Roi est connue | Désignation des Places — dont la soumission n'est pas connue | Observations |
|---|---|---|---|
| 1re | Soissons, | | soumise le 20 juillet. |
| | La Fère, | | prise par les Alliés ; il n'y a pas eu de capitulation. Date de levée du blocus : 5 novembre 1815. |
| | Laon, Vincennes, | | |
| 2eme | Guise, | | capitule le 24 juin. |
| | Sedan, | | soumise le 27 juin. |
| | Verdun, | | soumise le 17 juillet. |
| | Charleville, | | prise par les Alliés le 29 juin. |
| | Vitry, | | convenu de laisser entrer les Alliés le 23 juillet. |
| | Montmédy, | | capitule le 19 septembre. |
| | | Charlemont, Givet, | capitulent le 9 septembre. |
| | | Philippeville, | soumise le 8 août. |
| | | Rocroy, | capitule le 16 août. |
| | | Mariembourg, | soumise le 28 juillet. |
| | | Bouillon, | capitule le 23 août. |
| | | Mézières, | soumise le 10 août. |
| | Reims, | | soumise le 8 juillet. |

| Divisions Militaires | Désignation des Places — dont la soumission au Roi est connue | Désignation des Places — dont la soumission n'est pas connue | Observations |
|---|---|---|---|
| 3eme | | Thionville, | |
| | | Sarrelouis, | soumise le 30 novembre. |
| | | Bitche, | soumise le 28 juillet. |
| | | Longwy, | capitule le 15 septembre. |
| | | Sierck, Rodemack, | |
| | | Metz, | soumise le 23 juillet. |
| 4eme | Toul, | | soumise le 15 juillet. |
| | | Marsal, | |
| | | Phalsbourg, | soumise le 28 juillet. |
| 5eme | Belfort, | | prise par les Alliés. |
| | | Strasbourg, | |
| | | Landau | occupée par les alliés le 11 décembre. |
| | | Schelestadt, | soumise le 8 août. |
| | | Neubrisach, | |
| | | Huningue, | capitule le 26 août. |
| | | La Petite Pierre, | |
| | | Lichtemberg, | |
| 6eme | Besançon, | | suspension d'armes 16 juillet. |
| | fort l'Ecluse, | | pris par les Alliés, |
| | Château de Joux, | | |
| | | Blamont, Pierre Châtel, | |
| | | fort Saint-André, | rendu le 13 (ou 17) septembre. |
| 7eme | Grenoble, | | pris par les Alliés. |
| | | fort Barreaux, Briançon, Mont-Dauphin, Queyras, Embrun, | |
| 8eme | Marseille, | | |
| | | La Seyne, Colmars, Saint-Vincent, Entrevaux, Sisteron, Antibes, Toulon, Iles Sainte Marguerite, Saint Tropez, | |
| 9eme | Aigues-Mortes, | | |
| | | Pont Saint Esprit, fort Peccais, | |
| 10eme | | Perpignan, Bellegarde, Montlouis, Collioure, Prats de Mollo, fort-les-Bains, fort Saint-Elme, Villefranche, Lourdes, Château de Salces. | |

| Divisions Militaires | Désignation des Places dont la soumission au Roi est connue | dont la soumission n'est pas connue | Observations |
|---|---|---|---|
| 11eme | | Bayonne, Navarreins, Saint Jean Pied de Port, Blaye. | |
| 12eme | La Rochelle, Rochefort, Ile d'Oléron, | Ile de Ré, Ile d'Aix, | |
| 13eme | Saint-Malo, Saint-Servan, Brest, | Belle-Ile, Lorient, Port Louis, | |
| 14eme | Cherbourg, | La Hougue, Ile Saint Marcouff, Granville, | |
| 15eme | Le Havre, Dieppe, Amiens, Abbeville, Doullens, | | |
| | Péronne, | | prise par les Alliés. |
| | Château de Ham, | | capitule le 27 juin. |
| 16eme | Valenciennes, | | soumise le 19 juillet. |
| | Maubeuge, | | prise par les Alliés le 12 juil. |
| | Cambrai, | | prise par les Alliés le 25 juin. |
| | Arras (citadelle), | | soumise le 9 juillet. |
| | Aire, | | soumise le 10 juillet. |
| | Dunkerque, | | soumise le 9 juillet. |
| | Bergues, | | soumise le 9 juillet. |
| | Avesnes, | | prise par les Alliés le 22 juin. |
| | Lille, Douai, Boulogne, Calais, Ardres, Bouchain, Montreuil, Saint-Omer, Le Quesnoy, Bapaume, | | |
| | | Landrecies, | soumise le 21 juillet. |
| | | Condé, Béthune, Hesdin, Gravelines, Saint-Venant. | |
| 18eme | Auxonne, | | soumise au Roi, n'a pas voulu ouvrir ses portes aux alliés, la capitulation est du 28 août. |
| | Langres, | | rendu aux Alliés sans capitulation, le 19 juillet. |
| 19eme | Lyon. | | |

# IV

## Etat général des objets d'art enlevés en 1815. [1]

*A.N., O3 1429; — A.N., F21 574.*

(Voir ci-dessus, chapitre VII, page 112, note 2).

| Pays | Tableaux | Statues | Bas-reliefs et bustes | bronzes | vases étrusques | vases en matières précieuses | vases ivoire | sculptures sur bois | camées | dessins | émaux | objets divers |
|---|---|---|---|---|---|---|---|---|---|---|---|---|
| Prusse | 119 | 37 | 70 | 268 | ........ | 25 | 22 | 2 | 463 | ...... | 7 | 84 |
| Cassel | 421 | 11 | 6 | 5 | ........ | 1 | 19 | 10 | 4 | 2 | 9 | 28 |
| Brunswick | 230 | 1 | 6 | 3 | ........ | 1 | 54 | 25 | 1 | 243 | 1154 | 55 |
| Schwerin | 190 | ...... | ........ | ...... | ........ | 18 | 10 | ........ | 3 | ...... | 29 | 15 |
| Autriche | 323 | ...... | 16 | ...... | ........ | ........ | ...... | ........ | ...... | 2 | | |
| Bavière | 28 | | | | | | | | | | | |
| Espagne | 284 | ...... | ........ | ...... | ........ | ........ | ...... | ........ | ...... | ...... | ...... | 108 |
| Venise | 15 | ...... | 2 | | | | | | | | | |
| Milan | 7 | ...... | ........ | ...... | ........ | ........ | ...... | ........ | ...... | 18 | | |
| Crémone | 2 | | | | | | | | | | | |
| Mantoue | ........ | ...... | 3 | 1 | ........ | ........ | ...... | ........ | ...... | 4 | | |
| Vérone | 6 | ...... | 2 | | | | | | | | | |
| Modène | 24 | ...... | 2 | 1 | ........ | ........ | ...... | ........ | ...... | 2 | | |
| Parme | 30 | ...... | ........ | 7 | | | | | | | | |
| Toscane | 57 | 1 | ........ | ...... | ........ | 27 | | | | | | |
| Sardaigne | 59 | 4 | 1 | | | | | | | | | |
| Pays-Bas | 210 | 1 | | | | | | | | | | |
| États ecclésiastiques | 60 | 44 | 14 | 4 | 16 | 2 | | | | | | |
| Albani[2] | ........ | 31 | 28 | ...... | ........ | 2 | ...... | ........ | ...... | ...... | ...... | 4 |
| | 2005 | 130 | 150 | 289 | 16 | 76 | 105 | 37 | 471 | 271 | 1199 | 294 |

1. Les Prussiens enlevèrent les objets d'art sur l'ordre de Blücher et de Müffling. Les autres états envoyèrent les commissaires suivants: — baron de Carlshausen (Hesse-Cassel), — Munckhausen, Malmer et Emperius (Brunswick), — baron d'Oertzen (Mecklembourg-Schwerin), — Rosa (Autriche), — de Dillis (Bavière), — Caillot (Espagne), — Rosa, Boccalari et Lombardi (Venise), — Meyerne (villes de Lombardie), — Rosa et Poggi (Parme), — Karcher, Benvenuti et Degli Alessandri (Toscane), — Costa (Sardaigne), — baron Fagel (Pays-Bas), — Canova (états de l'Eglise).

2. La collection Albani, évaluée à 306.600 francs, fut rachetée par le gouvernement français pour 245.280: A. N., O3 1430, fin novembre 1815.

# TABLE DES MATIÈRES





Imprimerie Générale de Châtillon-sur-Seine. — EDVRARD-PICHAT

Imprimerie Générale de Châtillon-sur-Seine. — EUVRARD-PICHAT.

www.ingramcontent.com/pod-product-compliance
Ingram Content Group UK Ltd.
Pitfield, Milton Keynes, MK11 3LW, UK
UKHW020952230726
13923UKWH00007B/268

9 782329 038346